# CODE
# DE LA PRESSE.

## ERRATA.

Page 9, ligne 8, *en même* ajoutez *temps*.
Page 110, à la note, *art.* 8 *de la loi*, lisez *art.* 9.
Page 111, à la note, *art.* 9 *de la loi*, lisez *art.* 8.
Page 136, ligne 11, *défaveur*, lisez *faveur*.

A PARIS, DE L'IMPRIMERIE DE RIGNOUX.

# CODE

# DE LA PRESSE,

OU

## RECUEIL COMPLET

DES LOIS, DÉCRETS, ORDONNANCES ET RÈGLEMENS
ACTUELLEMENT EN VIGUEUR SUR CETTE MATIÈRE.

AVEC DES NOTES ET EXPLICATIONS;

PAR J. A. GARNIER DUBOURGNEUF,

Docteur en Droit, Procureur du Roi.

A PARIS,

Chez NÈVE, libraire de la Cour de Cassation, galerie du Palais de Justice, n° 9.

822.

# AVERTISSEMENT.

Il est peu de lois qui soient plus généralement utiles à connaître que celles sur la *presse*. En effet, elles ne comprennent pas seulement ce qui est relatif à la librairie, à l'imprimerie, aux dessins, gravures, lithographies, etc.; elles s'étendent encore aux délits qui peuvent être commis par *paroles*, et leur application est extrêmement fréquente. Cependant, rendues à différentes époques, sous les divers gouvernemens qui, avant la restauration, se sont si rapidement succédés, elles se trouvent disséminées dans la volumineuse collection du *Bulletin des Lois*: il est fort difficile de les trouver, et, lorsqu'on y est parvenu, il ne l'est pas moins de distinguer, en les lisant isolément, les dispositions abrogées implicitement ou explicitement de celles demeurées en vigueur; c'est, du moins, un travail long et pénible. Nous avions réuni, pour notre usage personnel, toutes les dispositions actuellement applicables en cette matière; c'est ce recueil que nous publions, parce que nous croyons qu'il pourra être utile.

Nous avons joint aux lois les plus importantes de courtes notes contenant la concordance des dispositions nouvelles avec les anciennes, la solution d'un petit nombre de questions et l'analyse de quelques-uns des arrêts qui ont été rendus. Nous avons également ajouté les *Exposés des motifs* des dernières lois sur la presse. Enfin, une *Table alphabétique des matières* nous ayant paru indispensable, nous l'avons rédigée avec tout le soin possible.

Il nous eût été facile de grossir ce volume; mais, tout en ayant le désir que notre ouvrage fût aussi complet que possible, nous avons cherché à n'y rien insérer d'inutile.

# TABLE

# DES MATIÈRES.

FIN DE LA TABLE DES MATIÈRES.

# CODE
# DE LA PRESSE.

## DÉCRET

*De la Convention, relatif aux droits de propriété des auteurs d'écrits en tout genre, des compositeurs de musique, des peintres et des dessinateurs.*

Du 19 juillet 1793.

La Convention nationale, après avoir entendu son comité d'instruction publique, décrète ce qui suit :

Article premier. Les auteurs d'écrits en tout genre, les compositeurs de musique, les peintres et les dessinateurs qui feront graver des tableaux ou dessins, jouiront, durant leur vie entière, du droit exclusif de vendre, faire vendre, distribuer leurs ouvrages dans le territoire de la République, et d'en céder la propriété en tout ou en partie [1].

[1] Voyez ci-après l'ordonnance du Roi, du 8 octobre 1817, relative aux impressions lithographiques.

Les auteurs qui lisent leurs ouvrages en public ne renoncent pas par-là au droit de propriété. Ces ouvrages ne peuvent, en conséquence, être imprimés sans la permission des auteurs qui les ont lus. (*Arrêt de la cour de Paris, du 12 ventose an IX.*)

L'édition faite en France, sans la permission de l'auteur,

Art. 2. Leurs héritiers ou cessionnaires

d'un ouvrage publié en pays étranger par un auteur étranger, n'est pas une contrefaçon. (*Arrêt de la cour de cassation, du* 17 *nivose an XIII.*)

Il n'y a pas lieu d'invoquer le même principe, si, après une première publication, faite dans l'étranger, l'auteur publie de nouveau son ouvrage en France, en remplissant les formalités prescrites pour assurer sa propriété. Toute réimpression postérieure est une contrefaçon. (*Arrêt de la cour de cassation, du* 30 *janvier* 1818.)

Les auteurs étrangers ou leurs cessionnaires qui publient en France des ouvrages, peuvent, s'ils se sont conformés à cette loi, poursuivre les contrefacteurs devant les tribunaux français. (*Arrêt de la cour de cassation, du* 23 *mars* 1810.)

Cette loi ne peut être invoquée par celui qui, au lieu d'inventer, n'a fait que copier l'ouvrage d'autrui, encore qu'il ait rempli les formalités prescrites. (*Arrêt de la cour de cassation, du* 5 *brumaire an XIII.*)

Il y a contrefaçon de la part de ceux qui s'emparent de recueils ou de compilations qui ne sont pas de simples copies, et ont exigé, dans leur exécution, le discernement du goût, le choix de la science, le travail de l'esprit. (*Arrêt de la cour de cassation, du* 2 *décembre* 1814.)

Celui qui prend dans un livre publié un certain nombre de morceaux pour les fondre dans un ouvrage nouveau, ne commet pas le délit de contrefaçon, lorsque d'ailleurs l'ouvrage qu'il publie diffère essentiellement du premier par son titre, son format, sa composition et son objet. (*Arrêt de la cour de cassation, du* 20 *février* 1820.)

Il y a contrefaçon lorsque, sans la permission de l'auteur ou de son cessionnaire, un ouvrage est imprimé sous le même titre que l'édition originale, quoiqu'on ait ajouté à ce titre les mots : *nouvelle édition, augmentée ;* que dans le fait cette édition contienne des additions et changemens à l'ouvrage contrefait, et qu'elle soit annoncée comme faite à une autre époque, comme sortie d'une autre imprimerie et mise en vente

jouiront du même droit durant l'espace de dix ans après la mort des auteurs [1].

Art. 3. Les officiers de paix seront tenus de faire confisquer à la réquisition et au profit des auteurs, compositeurs, peintres, dessinateurs et autres, leurs héritiers ou cessionnaires, tous les exemplaires des éditions imprimées ou gravées sans la permission formelle et par écrit des auteurs [2].

Art. 4. Tout contrefacteur sera tenu de payer au véritable propriétaire une somme équivalente au prix de trois mille exemplaires de l'édition originale [3].

chez un autre libraire. (*Arrêt de la cour de cassation, du 28 floréal an XII.*)

[1] Voyez ci-après le décret du 5 février 1810, art. 39 et 40.

Cet article n'a disposé que pour ceux qui se rendraient cessionnaires à l'avenir. Les droits de ceux qui ont acquis des propriétés littéraires avant la loi du 19 juillet 1793, sont régis par les lois existantes à l'époque de la cession. (*Arrêt de la cour de cassation, des 27 prairial an XI, et 16 brumaire an XIV.*)

Celui à qui un auteur a cédé le droit de faire une édition de son ouvrage, peut poursuivre, comme partie civile, les contrefacteurs. (*Arrêt de la cour de cassation, du 7 prairial an XI.*)

Le ministère public peut poursuivre seul et d'office. (*Même arrêt.*)

[2] Voyez ci-après la loi du 25 prairial an IV, et le décret du 5 février 1810, art. 41 et 42.

Les commissaires de police ou les juges de paix ont seuls droit actuellement de dresser les procès-verbaux de saisie d'ouvrages contrefaits. (*Arrêt de la cour de cassation, du 9 messidor an XIII.*)

[3] Voyez ci-après les articles 427 et 429 du Code pénal.

Art. 5. Tout débitant d'édition contrefaite, s'il n'est pas reconnu contrefacteur, sera tenu de payer au véritable propriétaire une somme équivalente au prix de cinq cents exemplaires de l'édition originale [1].

Art. 6. Tout citoyen qui mettra au jour un ouvrage, soit de littérature ou de gravure, dans quelque genre que ce soit, sera obligé d'en déposer deux exemplaires à la Bibliothèque nationale, ou au cabinet des estampes de la République, dont il recevra un reçu signé par le bibliothécaire, faute de quoi il ne pourra être admis en justice pour la poursuite des contrefacteurs [2].

Art. 7. Les héritiers de l'auteur d'un ouvrage de littérature ou de gravure, ou de toute autre production de l'esprit ou du génie qui appartient aux beaux arts, en auront la propriété exclusive pendant dix années [3].

[1] Voyez ci-après les articles 427 et 429 du Code pénal.

[2] Voyez ci-après le décret du 5 février 1810, art. 48;
La loi du 21 octobre 1814, art. 14; et l'ordonnance du Roi du 24 du même mois, art. 4.

[3] Voyez ci-après la loi du 1er germinal an XIII.

## LOI

*Interprétative de celle du 19 juillet 1793, qui assure aux auteurs et artistes la propriété de leurs ouvrages.*

Du 25 prairial an IV (1er juin 1796).

Les fonctions attribuées aux officiers de paix, par l'art. 3 de la loi du 19 juillet 1793, seront à l'avenir exercées par les commissaires de police et par les juges de paix dans les lieux où il n'y a pas de commissaires de police.

## LOI

*Portant défense d'annoncer publiquement les journaux et les actes des autorités constituées, autrement que par leur titre.*

Du 5 nivose an V (25 décembre 1796).

Le conseil des anciens, etc.

Art. 1er. Il est défendu à tout individu d'annoncer dans les rues, carrefours et autres lieux publics, aucun journal ou écrit périodique, autrement que par le titre général et habituel qui le distingue des autres journaux.

Art. 2. Il est également défendu d'annoncer aucune loi, aucun jugement ou autres actes d'une autorité constituée, autrement que par le titre donné auxdits actes, soit par l'autorité de laquelle ils émanent, soit par celle qui a le droit de les publier.

Art. 3. La contravention aux deux précédens articles sera punie, par voie de police correctionnelle, d'un emprisonnement de deux mois pour la première fois, et de six en cas de récidive.

Art. 4. La présente résolution sera imprimée.

## ORDONNANCE

*Du Préfet de police concernant les colporteurs* [1].

Du 4 pluviose an IX (24 janvier 1801), renouvelé le 17 germinal an XI (7 avril 1803).

Art. 3. Nul individu ne peut être colporteur, s'il ne sait lire (*Règlement du* 28 *février* 1723, art. 69.)

Art. 4. Tout colporteur est tenu d'avoir sur son habit une plaque de cuivre, sur laquelle sera gravé le mot colporteur, avec le numéro de sa permission (*Idem*, art. 74).

Art. 5. Il est défendu au colporteur de céder ou prêter leurs plaques ou permissions sous quelque prétexte que ce soit (*Ordonnance de police du* 16 *avril* 1740.)

Art. 6. Les colporteurs sont tenus de représenter leurs permissions chaque fois qu'ils en

[1] Nous rapportons cette ordonnance telle qu'elle se trouve dans le *Corps de droit criminel*, par M. Mars, t. I, pag. 683.

seront requis par les commissaires de police, officiers de paix, préposés de la préfecture de police, et par tous autres chargés de tenir la main à l'exécution de la présente ordonnance.

Art. 7. Dans le cas de changement de demeure, les colporteurs doivent en faire la déclaration à la préfecture. Ils la feront en outre, savoir : ceux qui demeurent à Paris devant les commissaires de police de leur ancien et nouveau domicile, et ceux qui résident dans les communes rurales, devant les maires de leur ancienne et nouvelle habitation.

Art. 8. Les colporteurs ne pourront crier, vendre et débiter que les journaux et tous actes émanés des autorités constituées.

Art. 9. Il est défendu à tout individu d'annoncer dans les rues, carrefours et autres lieux publics, aucun journal, autrement que par le titre général qui le distingue des autres journaux (*Loi du 5 nivôse an V*, art. 1er) [1].

Art. 10. Il est défendu d'annoncer aucune loi, aucun jugement ou autres actes d'une autorité constituée, autrement que par le titre donné auxdits actes, soit par l'autorité de laquelle ils émanent, soit par celle qui a le droit de les publier (*Loi du 5 nivôse an V*, art. 1er) [2].

[1] Voyez ci-dessus le texte de cette loi.

[2] *Idem.*

(L'article 8 de l'ordonnance du 17 germinal an XI, porte qu'on ne pourra crier et vendre aucun acte de procédure et aucun jugement, autres que ceux rendus par les tribunaux criminels (cours d'assises) et de police correctionnelle, et qui auront été imprimés par les imprimeurs de ces tribunaux.)

Art. 11. Les colporteurs ne pourront s'arrêter sur la voie publique.

Art. 12. Dans tous les cas de contravention aux dispositions ci-dessus, les colporteurs seront amenés à la préfecture de police, et il sera pris envers les contrevenans, etc.

## DÉCRET

*Concernant les droits des propriétaires d'ouvrages posthumes* [1].

1er germinal an XIII (22 mars 1805).

Napoléon, etc., sur le rapport du ministre de l'intérieur,

Vu les lois sur les propriétés littéraires;

Considérant qu'elles déclarent propriétés publiques, les ouvrages des auteurs morts depuis plus de dix ans;

Que les dépositaires, acquéreurs, héritiers ou propriétaires des ouvrages posthumes d'auteurs morts depuis plus de dix ans, hésitent à

[1] Voyez ci-après, décret concernant les théâtres, du 8 juin 1806, art. 12.

publier ces ouvrages, dans la crainte de s'en voir contester la propriété exclusive, et dans l'incertitude de la durée de cette propriété ;

Que l'ouvrage inédit est comme l'ouvrage qui n'existe pas, et que celui qui le publie a le droit de l'auteur décédé, et doit en jouir pendant sa vie ;

Que cependant s'il réimprimait en même et dans une seule édition, avec les œuvres posthumes, les ouvrages déjà publiés du même auteur, il en résulterait en sa faveur une espèce de privilége pour la vente d'ouvrages devenus propriété publique ;

Le conseil d'état entendu, décrète :

Art. 1er. Les propriétaires par succcession ou à autre titre, d'un ouvrage posthume, ont les mêmes droits que l'auteur, et les dispositions des lois sur la propriété exclusive des auteurs et sur sa durée, leur sont applicables ; toutefois à la charge d'imprimer séparément les œuvres posthumes, et sans les joindre à une nouvelle édition des ouvrages déjà publiés et devenus propriété publique.

Art. 2. Le grand juge, ministre de la justice, et les ministres de l'intérieur et de la police générale, sont chargés, chacun en ce qui le concerne, de l'exécution du présent décret[1].

[1] Il résulte des dispositions de cette loi que les œuvres com-

# DÉCRET

*Concernant l'impression des livres d'église, des heures et des prières.*

Du 7 germinal an XIII (28 mars 1805).

Napoléon, etc.

Sur le rapport du ministre des cultes,

Décrète :

Art. 1er. Les livres d'église, les heures et prières, ne pourront être imprimés ou réimprimés que d'après la permission donnée par les évêques diocésains, laquelle permission sera textuellement rapportée et imprimée en tête de chaque exemplaire [1].

Art. 2. Les imprimeurs, libraires qui feraient imprimer, réimprimer des livres d'église, des

plètes d'un auteur ne peuvent être publiées en une seule édition par son héritier, et que celui-ci doit prendre soin de faire paraître séparément les ouvrages déjà publiés et ceux qui ne l'ont pas encore été, sous peine de voir tomber les derniers dans le domaine public, à l'expiration de la dixième année après la mort de l'auteur. Bizarre législation !

[1] Les évêques sont propriétaires de leurs instructions pastorales ; on commet une contrefaçon en les imprimant sans leur autorisation. (*Arrêt de la cour de cassation, du 26 thermidor an XII.*

Les évêques ne peuvent, en vertu de ce décret, accorder un privilége exclusif pour l'impression ou la réimpression des ouvrages qui y sont désignés.

La connaissance des contestations élevées à ce sujet appar-

heures ou prières, sans avoir obtenu cette permission, seront poursuivis conformément à la loi du 19 juillet 1793 [1].

Art. 3. Le grand juge ministre de la justice, et les ministres de la police générale et des cultes, sont chargés, chacun en ce qui le concerne, de l'exécution du présent décret.

## DÉCRET

*Concernant les théâtres.*

Du 6 juin 1806.

Napoléon, etc.

Art. 12. Les propriétaires d'ouvrages dramatiques posthumes ont les mêmes droits que l'auteur; et les dispositions sur la propriété des auteurs et sur sa durée, leur sont applicables, ainsi qu'il est dit au décret du 1er germinal an XIII [2].

## DÉCRET

*Concernant les manuscrits des bibliothéques et autres établissemens publics du royaume.*

Du 20 février 1809

Napoléon, etc.

Art. 1er. Les manuscrits des archives de

tient aux tribunaux et non à l'autorité administrative. (*Décret rendu sur l'avis du conseil d'état, du 17 juin* 1809).

[1] Voyez articles 4 et 5.

[2] Voyez ci-après l'avis du conseil d'état du 20 août 1811, approuvé le 23.

notre ministère des relations extérieures, et ceux des bibliothèques royales, départementales et communales, ou des autres établissemens de notre royaume, soit que ces manuscrits existent dans les dépôts auxquels ils appartiennent, soit qu'ils en aient été soustraits, ou que leurs minutes n'y aient pas été déposées aux termes des anciens règlemens, sont la propriété de l'état, et ne peuvent être imprimés et publiés sans autorisation.

Art. 2. Cette autorisation sera donnée par notre ministre des relations extérieures, pour la publication des ouvrages dans lesquels se trouveront des copies, extraits ou citations des manuscrits qui appartiennent aux archives de son ministère, et par notre ministre de l'intérieur, pour celle des ouvrages dans lesquels se trouveront des copies, extraits ou citations des manuscrits qui appartiennent à l'un des autres établissemens publics mentionnés dans l'article précédent.

Art. 3. Nos ministres des relations extérieures et de l'intérieur sont chargés, chacun en ce qui le concerne, de l'exécution du présent décret.

# DÉCRET

*Sur le règlement de l'imprimerie et de la librairie.*

Du 5 février 1810.

Napoléon, etc. Notre conseil d'état entendu, nous avons décrété et décrétons ce qui suit :

TITRE PREMIER.

. . . . . . . . . . . . . . . . . . . . . . . . . .

TITRE II.

Art. 3. A dater du 1er janvier 1811, le nombre des imprimeurs dans chaque département sera fixé, et celui des imprimeurs à Paris sera réduit à soixante.[1]

Art. 4. La réduction dans le nombre des imprimeurs ne pourra être effectuée sans qu'on ait préalablement pourvu à ce que les imprimeurs actuels qui seront supprimés reçoivent une indemnité de ceux qui seront conservés.

Art. 5. Les imprimeurs seront brevetés et assermentés[2].

Art. 6. Ils seront tenus d'avoir à Paris, quatre presses, et dans les départemens deux.

[1] Un décret du 11 février 1811 a augmenté de vingt le nombre des imprimeurs à Paris.

[2] Voyez ci-après la loi du 21 octobre 1814, article 11.

Art. 7. Lorsqu'il viendra à vaquer des places d'imprimeurs, soit par décès, soit autrement, ceux qui leur succéderont ne pourront recevoir leurs brevets et être admis au serment, qu'après avoir justifié de leur capacité, de leurs bonne vie et mœurs, et de leur attachement à la patrie et au souverain.

Art. 8. On aura, lors des remplacemens, des égards particuliers pour les familles des imprimeurs décédés.

Art. 9. Le brevet d'imprimeur sera délivré par notre directeur-général de l'imprimerie et soumis à l'approbation de notre ministre de l'intérieur; il sera enregistré au tribunal civil du lieu de la résidence de l'impétrant, qui y prêtera serment de ne rien imprimer de contraire aux devoirs en vers le souverain et à l'intérêt de l'état [1].

..............................................

## TITRE III.

### *De la police de l'imprimerie.*

Art. 11. Chaque imprimeur sera tenu d'avoir un livre coté et paraphé par le préfet du département, où il inscrira, par ordre de date, le titre de chaque ouvrage qu'il voudra imprimer, et le nom de l'auteur, s'il lui est connu.

[1] Voyez ci-après l'ordonnance du Roi, du 24 octobre 1814. art. 1er.

Ce livre sera représenté à toute réquisition et visé, s'il est jugé convenable, par tout officier de police [1].

Art. 12. L'imprimeur remettra ou adressera sur-le-champ, au directeur général de l'imprimerie et de la librairie, et en outre aux préfets, copie de la transcription faite sur son livre et la déclaration qu'il a l'intention d'imprimer l'ouvrage : il lui en sera donné récépissé.

Les préfets donneront connaissance de chacune de ces déclarations à notre ministre de la police générale [2].

.....................................................

## TITRE IV.

### *Des libraires.*

Art. 29. A dater du 1er janvier 1811, les libraires seront brevetés et assermentés [3].

Art. 30. Les brevets de libraire seront délivrés par notre directeur général de l'imprimerie, et soumis à l'approbation de notre ministre de l'intérieur; ils seront enregistrés au tribunal civil du lieu de la résidence de l'impétrant, qui y prêtera serment de ne vendre, dé-

[1] Voyez ci-après l'ordonnance du Roi, du 24 octobre 1814, article 2.

[2] *Idem*, articles 2 et 4, et la loi du 21 du même mois, article 14.

[3] Voyez ci-après la loi du 21 octobre 1814, article 11.

biter et distribuer aucun ouvrage contraire aux devoirs envers le souverain et envers l'état [1].

Art. 31. La profession de libraire pourra être exercée avec celle d'imprimeur.

Art. 32. L'imprimeur qui voudra réunir la profession de libraire, sera tenu de remplir les formalités qui sont imposées aux libraires.

Le libraire qui voudra réunir la profession d'imprimeur, sera tenu de remplir les formalités qui sont imposées aux imprimeurs.

Art. 33. Les brevets ne pourront être accordés aux libraires qui voudront s'établir à l'avenir, qu'après qu'ils auront justifié de leurs bonne vie et mœurs, et de leur attachement à la patrie et au souverain.

## TITRE V.

### *Des livres imprimés à l'étranger.*

Art. 34. Aucun livre en langue française, imprimé à l'étranger, ne pourra entrer en France sans payer un droit d'entrée.

Art. 35. Ce droit ne pourra être au-dessous de cinquante pour cent de la valeur de l'ouvrage.

Le tarif en sera rédigé par le directeur gé-

[1] Voyez ci-après l'ordonnance du Roi, du 24 octobre 1814, article 1er.

néral de la librairie, et délibéré en notre conseil d'état, sur le rapport de notre ministre de l'intérieur.

Art. 36. Indépendamment des dispositions de l'article 34, aucun livre, imprimé, ou réimprimé hors de France, ne pourra être introduit en France sans une permission du directeur général de la librairie, annonçant le bureau des douanes par lequel il entrera.

Art. 37. En conséquence, tout ballot de livres venant de l'étranger, sera mis, par le préposé des douanes sous corde et sous plomb, et envoyé à la préfecture la plus voisine.

.....................................................

## TITRE VI.

### *De la propriété et de sa garantie.*

Art. 39. Le droit de propriété est garanti à l'auteur et à sa veuve pendant leur vie, si les conventions matrimoniales de celle-ci lui en donnent le droit, et à leurs enfans pendant vingt ans [1].

[1] Voyez ci-après l'avis du conseil d'état du 20 août 1811, approuvé le 23.

La disposition de cet article ne doit point être appliquée aux *enfans* limitativement, mais, en général, aux héritiers appelés suivant l'ordre légal des successions. L'intention des législateurs n'a pas été d'enlever aux *héritiers* le droit de propriété qui leur était accordé par l'article VIII de la loi du 19 juillet 1793,

Art. 40. Les auteurs, soit nationaux, soit étrangers, de tout ouvrage imprimé ou gravé, peuvent céder leur droit à un imprimeur ou libraire, ou à toute autre personne qui est alors substituée en leur lieu et place, pour eux et leurs ayant causes, comme il est dit à l'article précédent[1].

## TITRE VII.

### SECTION PREMIÈRE.

### *Des délits en matière de librairie, et du mode de les punir et de les constater.*

Art. 41. Il y aura lieu à confiscation et à

mais, au contraire, de l'étendre et d'en prolonger la durée. C'est d'ailleurs ce qui résulte formellement des discussions qui ont eu lieu au conseil d'état sur ce décret, et que M. Locré a publiées en 1819.

Depuis que cette note est écrite, un jugement du tribunal de première instance du département de la Seine, en date du 4 mai 1822, dans l'affaire de la dame veuve Agasse contre le sieur Verdière, relativement au Cours de Littérature de Laharpe, a décidé, au contraire, que cet article s'appliquait aux *enfans* seulement, et excluait les *héritiers collatéraux*, dont les droits demeuraient régis par la loi de 1793, que le décret de 1810 n'a point abrogée.

En admettant ce principe, les ascendans devraient également être exclus.

[1] Le bénéfice de la prorogation de 10 ans, établie par l'article précédent, ne peut être invoqué par ceux qui se sont rendus cessionnaires sous l'empire de la loi du 19 juillet 1793. Leurs droits sont réglés par cette loi.

( *Ordonnance de la chambre du conseil du tribunal de la*

amende au profit de l'État, dans les cas suivans, sans préjudice des dispositions du Code pénal :

1° Si l'ouvrage est sans nom d'auteur ou d'imprimeur;

2° Si l'auteur ou l'imprimeur n'a pas fait, avant l'impression de l'ouvrage, l'enregistrement et la déclaration prescrits aux articles 11 et 12;

6° Si, étant imprimé à l'étranger, il est présenté à l'entrée sans permission, ou circule sans être estampillé;

7° Si c'est une contrefaçon, c'est-à-dire, si c'est un ouvrage imprimé sans le consentement et au préjudice de l'auteur ou éditeur, ou de leur ayant cause[1].

Art. 42. Dans ce dernier cas, il y aura lieu, en outre, à des dommages-intérêts envers l'auteur ou éditeur, ou leur ayant cause; et l'édition ou les exemplaires contrefaits seront confisqués à leur profit.

Art. 43. Les peines seront prononcées, et les dommages-intérêts seront arbitrés par le tribunal correctionnel ou criminel, selon les cas et d'après les lois.

*Seine, du 28 juin 1819, qui, par ces motifs, a déclaré n'y avoir lieu à suivre sur la plainte en contrefaçon des œuvres de M. Anquetil, formée par le sieur Garnery, son cessionnaire.*) Voyez la note sur l'article 2 de la loi du 19 juillet 1793.

[1] Voyez ci-après Code pénal, art. 285, et l'ordonnance du Roi, du 25 octobre 1814, article 15.

Art. 44. Le produit des confiscations et des amendes sera appliqué, ainsi que le produit du droit sur les livres venant de l'étranger, aux dépenses de la direction générale de l'imprimerie et de la librairie.

## SECTION II.

### *Du mode de constater les délits et contraventions.*

Art. 45. Les délits et contraventions seront constatés par les inspecteurs de l'imprimerie et de la librairie, les officiers de police, et en outre, par les préposés aux douanes pour les livres venant de l'étranger.

Chacun dressera procès-verbal de la nature du délit et contravention, des circonstances et dépendances, et le remettra au préfet de son arrondissement, pour être adressé au directeur général.

Art. 46. Les objets saisis seront déposés provisoirement au sécretariat de la mairie, ou commissariat général de la sous-préfecture ou de la préfecture la plus voisine du lieu où le délit ou la contravention sont constatés, sauf l'envoi ultérieur à qui de droit.

Art. 47. Nos procureurs-généraux et nos procureurs du Roi seront tenus de poursuivre d'office, dans tous les cas prévus à la section précédente, sur la simple remise qui leur sera faite d'une copie des procès-verbaux dûment affirmés.

## TITRE VIII.

### *Dispositions diverses.*

Art. 48. Chaque imprimeur sera tenu de déposer à la préfecture de son département, et, à Paris, à la Préfecture de police, cinq exemplaires de chaque ouvrage, savoir :

Un pour la Bibliothèque royale, un pour le ministre de l'intérieur, un pour la bibliothèque de notre conseil d'État, un pour le directeur général de la librairie [1].

Art. 49. Il sera statué par des règlemens particuliers, comme il est dit à l'article 3, sur ce qui concerne :

1° Les imprimeurs et libraires, leur réception et leur police,

2° Les libraires étaleurs, lesquels ne sont pas compris dans les dispositions ci-dessus,

3° Les fondeurs de caractères,

4° Les graveurs,

5° Les relieurs et ceux qui travaillent dans toutes les autres parties de l'art ou du commerce de l'imprimerie et de la librairie.

[1] Voyez ci-après l'ordonnance du Roi du 24 octobre 1814, article 4, et la loi du 21 du même mois, article 14.

Art. 50. Ces règlemens seront proposés et arrêtés au conseil d'état, sur la proposition du directeur général de la librairie, et le rapport de notre ministre de l'intérieur.

Art. 51. Nos ministres sont chargés, chacun en ce qui le concerne, de l'exécution de notre présent décret, qui sera inséré au *Bulletin des Lois*.

## CODE PÉNAL.

### LIVRE III. — TITRE PREMIER.

### CHAPITRE III. — SECTION IV.

### § II.

### *Outrages et violences envers les déposisaires de l'autorité publique.*

Art. 222. Lorsqu'un ou plusieurs magistrats de l'ordre administratif ou judiciaire auront reçu dans l'exercice de leurs fonctions, ou à l'occasion de cet exercice, quelque outrage par paroles tendant à inculper leur honneur ou leur délicatesse, celui qui les aura ainsi outragés sera puni d'un emprisonnement d'un mois à deux ans [1].

[1] Sous l'empire de la loi du 17 mai 1819, cet article restait applicable lorsque le magistrat avait été insulté *dans l'exercice de ses fonctions*. Voyez les articles 16, 19 et 26 de cette loi, et l'arrêt de la cour de cassation, du 17 mars 1820.

La loi du 25 mars 1822 n'a rien changé à cet état de choses. Voyez ci-après l'article 6 de cette loi.

Les cris *à bas*, adressés à un fonctionnaire public, sont un

Si l'outrage a eu lieu à l'audience d'une cour ou d'un tribunal, l'emprisonnement sera de deux à cinq ans.

Art. 223. L'outrage fait par gestes ou menaces à un magistrat dans l'exercice, ou à l'occasion de l'exercice de ses fonctions, sera puni d'un mois à six mois d'emprisonnement; et si l'outrage a eu lieu à l'audience d'une cour ou d'un tribunal, il sera puni d'un emprisonnement d'un mois à deux ans.

Art. 224. L'outrage fait par paroles, gestes ou menaces, à tout officier ministériel ou agent dépositaire de la force publique, dans l'exer-

outrage punissable en vertu de cet article. (*Arrêt de la cour de cassation, du 22 décembre* 1814.)

Les commissaires de police étant des magistrats de l'ordre administratif ou judiciaire, selon la nature des fonctions par eux exercées, se trouvent compris dans cet article. (*Arrêt de la cour de cassation, du 16 août* 1810.)

Les notaires sont considérés comme fonctionnaires publics; ils sont dans l'exercice de leurs fonctions lorsqu'ils donnent lecture d'un testament dont ils sont dépositaires. (*Arrêt de la cour de cassation, du 2 juin* 1809.)

L'injure ne perd pas sa gravité parce que le magistrat était incompetent; (*Arrêt de la cour de cassation, du 1er avril* 1813.)

Ou parce qu'il n'était pas revêtu de son costume, si le délinquant a bien connu sa qualité. (*Arrêt de la cour de cassation, du 26 mars* 1813.)

Ou bien encore parce qu'il était dans sa demeure et sans costume, lorsque celui qui l'a outragé s'adressait à lui pour son ministère. (*Arrêt de la cour de cassation, du 28 décembre* 1807.)

cice ou à l'occasion de l'exercice de ses fonctions, sera puni d'une amende de 16 francs à 200 francs.

Art. 225. La peine sera de six jours à un mois d'emprisonnement, si l'outrage mentionné en l'article précédent a été dirigé contre un commandant de la force publique.

Art. 226. Dans le cas des articles 222, 223 et 225, l'offenseur pourra être, outre l'emprisonnement, condamné à faire réparation, soit à la première audience, soit par écrit; et le temps de l'emprisonnement prononcé contre lui ne sera compté qu'à dater du jour où la réparation aura eu lieu.

Art. 227. Dans le cas de l'article 224, l'offenseur pourra de même, outre l'amende, être condamné à faire réparation à l'offensé, et s'il retarde ou refuse, il y sera contraint par corps.

Art. 228. Tout individu qui, même sans armes et sans qu'il en soit résulté de blessures, aura frappé un magistrat dans l'exercice de ses fonctions, ou à l'occasion de cet exercice, sera puni d'un emprisonnement de deux à cinq ans.

Si cette voie de fait a eu lieu à l'audience d'une cour ou d'un tribunal, le coupable sera puni du carcan. [1]

Art. 229. Dans l'un et l'autre des cas ex-

[1] Voyez relativement à cet article la loi du 25 mars 1822, article 6.

primés en l'article précédent, le coupable pourra de plus être condamné à s'éloigner, pendant cinq à dix ans, du lieu où siège le magistrat, et d'un rayon de deux myriamètres.

Cette disposition aura son exécution à dater du jour où le condamné aura subi sa peine.

Si le condamné enfreint cet ordre avant l'expiration du temps fixé, il sera puni du bannissement.

Art. 230. Les violences de l'espèce exprimée en l'article 228, dirigées contre un officier ministériel, un agent de la force publique ou un citoyen chargé d'un ministère de service public, si elles ont eu lieu pendant qu'ils exerçaient leur ministère ou à cet occasion, seront punies d'un emprisonnement d'un mois à six mois.

Art. 231. Si les violences exercées contre les fonctionnaires et agens désignés aux articles 228 et 230, ont été la cause d'effusion de sang, blessures ou maladie, la peine sera la réclusion; si la mort s'en est suivie dans les quarante jours, le coupable sera puni de mort.

Art. 232. Dans le cas même où ces violences n'auraient pas causé d'effusion de sang, blessures ou maladie; les coups seront punis de la réclusion, s'ils ont été portés avec préméditation ou guet-apens.

Art. 233. Si les blessures sont du nombre de celles qui portent le caractère de meurtre, le coupable sera puni de mort.

## SECTION VI.

### *Délits commis par la voie d'écrits, images ou gravures, distribués sans nom d'auteur, imprimeur ou graveur.*

Art. 283. Toute publication ou distribution d'ouvrages, écrits, avis, bulletins, affiches, journaux, feuilles périodiques ou autres imprimés, dans lesquels ne se trouvera pas l'indication vraie des noms, profession et demeure de l'auteur ou de l'imprimeur, sera, pour ce seul fait, punie d'un emprisonnement de six jours à six mois, contre toute personne qui aura sciemment contribué à la publication ou distribution [1].

Art. 284. Cette disposition sera réduite à des peines de simple police,

1° A l'égard des crieurs, afficheurs, vendeurs ou distributeurs qui auront fait connaître la personne de laquelle ils tiennent l'écrit imprimé;

2° A l'égard de quiconque aura fait connaître l'imprimeur;

[1] Voyez ci-après la loi du 21 octobre 1814, articles 17 et 19.

3° A l'égard même de l'imprimeur qui aura fait connaître l'auteur.

Art. 285. Si l'écrit imprimé contient quelques provocations à des crimes ou délits, les crieurs, afficheurs, vendeurs et distributeurs seront punis comme complices des provocateurs, à moins qu'ils n'aient fait connaître ceux dont ils tiennent l'écrit contenant la provocation.

En cas de révélation, ils n'encourront qu'un emprisonnement de six jours à trois mois, et la peine de complicité ne restera applicable qu'à ceux qui n'auront point fait connaître les personnes dont ils auront reçu l'écrit imprimé, et à l'imprimeur, s'il est connu [1].

Art. 286. Dans tous les cas ci-dessus, il y aura confiscation des exemplaires saisis [2].

Art. 287. Toute exposition ou distribution de chansons, pamphlets, figures ou images contraires aux bonnes mœurs, sera punie d'une amende de 16 francs à 500 francs, d'un emprisonnement d'un mois à un an [3], et de la confiscation des planches et des exemplaires imprimés ou gravés de chansons, figures ou autres objets du délit [4].

[1] Voyez ci-après la loi du 17 mai 1819, articles 1er et suiv.

[2] Voyez ci-après les lois des 21 octobre 1814, art. 15 et 18, et 26 mai 1819, art 26.

[3] Voyez ci-après la loi du 17 mai 1819, article 8.

[4] Voyez ci-après la loi du 26 mai 1819, art 26.

Art. 288. La peine d'emprisonnement et l'amende prononcées par l'article précédent, seront réduits à des peines de simples police,

1° A l'égard des crieurs, vendeurs ou distributeurs qui auront fait connaître la personne qui leur a remis l'objet du délit;

2° A l'égard de quiconque aura fait connaître l'imprimeur ou le graveur;

3° A l'égard même de l'imprimeur ou du graveur qui auront fait connaître l'auteur ou la personne qui les aura chargés de l'impression ou de la gravure.

Art. 289. Dans tous les cas exprimés en la présente section, et où l'auteur sera connu, il subira le *maximum* de la peine attachée à l'espèce du délit.

### *Disposition particulière.*

Art. 290. Tout individu qui, sans y avoir été autorisé par la police, fera le métier de crieur ou afficheur d'écrits imprimés, dessins ou gravures, même munis des noms d'auteur, imprimeur, dessinateur ou graveur, sera puni d'un emprisonnement de six jours à deux mois.

# TITRE II.

## CHAPITRE PREMIER.

### SECTION VII.

### § II.

### *Calomnies, injures* [1].

Art. 376. Toutes autres injures ou expressions outrageantes qui n'auront pas eu ce double caractère de gravité [2] et de publicité, ne donneront lieu qu'à des peines de simple police [3].

## CHAPITRE II. — SECTION II.

### § V.

### *Violation des règlemens relatifs aux arts.*

Art. 425. Toute édition d'écrits, de composition musicale, de dessin, de peinture ou de toute autre production, imprimée ou gravée en entier ou en partie, au mépris des lois et règlemens relatifs à la propriété des auteurs,

[1] Tous les articles de ce paragraphe ont été abrogés par la loi du 17 mai 1819, article 26, à l'exception de celui que nous rapportons.

[2] Renfermant l'imputation d'un vice déterminé.

[3] Voyez ci-après l'article 471.

L'imputation de sorcellerie est une injure grave et qui porte

est une contrefaçon ; et toute contrefaçon est un délit [1].

Art. 426. Le débit d'ouvrages contrefaits, l'introduction sur le territoire français d'ouvrages qui, après avoir été imprimés en France, ont été contrefaits chez l'étranger, sont un délit de la même espèce.

Art. 427. La peine contre le contrefacteur, ou contre l'introducteur, sera une amende de cent francs au moins, et de deux mille francs

atteinte à la réputation de ceux à qui elle est adressée. Un tribunal de police qui refuse de prononcer sur la demande en réparation viole cet article. (*Arrêt de la cour de cassation, du* 15 *mars* 1811.)

Imputer à une personne d'avoir la gale ou la teigne n'est pas une injure. (*Arrêt de la cour de cassation, du* 15 *janvier* 1803.)

Il en est de même de l'imputation de vol faite de bonne foi par un maître à son domestique. (*Arrêt de la cour de cassation, du* 30 *janvier* 1807.)

[1] La contrefaçon d'un ouvrage constituant un délit donne lieu *de plano* à une action correctionnelle, surtout lorsque la propriété n'est pas contestée. (*Arrêt de la cour de cassation, du* 27 *ventose an IX.*)

La contrefaçon existe même quand l'ouvrage ne serait pas entièrement imprimé, et qu'il n'en aurait pas été débité d'exemplaires : il suffit que quelques feuilles soient contrefaites et saisies. (*Arrêt de la cour de cassation, du* 2 *juillet* 1807.)

L'annonce d'une édition contrefaite dans le catalogue d'un libraire ne constitue pas seule le délit de contrefaçon, il faut qu'il y ait eu débit. (Voyez plus haut la loi du 19 juillet 1793.) Il en est autrement si l'ouvrage annoncé est exposé dans sa boutique. (*Arrêt de la cour de cassation, du* 2 *décembre* 1808.)

au plus; et contre le débitant une amende de vingt-cinq francs au moins, et de cinq cents francs au plus.

La confiscation de l'édition contrefaite sera prononcée, tant contre le contrefacteur que contre l'introducteur et le débitant.

Les planches, moules ou matrices des objets contrefaits, seront aussi confisqués.

.................................................

Art. 429. Dans les cas prévus par les articles précédens, le produit des confiscations..... sera remis au propriétaire pour l'indemniser d'autant du préjudice qu'il aura souffert; le surplus de son indemnité ou l'entière indemnité, s'il n'y a pas eu vente d'objets confisqués...... sera réglé par les voies ordinaires [1].

### LIVRE IV. — CHAPITRE II.

### *Contraventions et peines.*

#### SECTION PREMIÈRE.

##### *Première classe.*

Art. 471. Seront punis d'amende, depuis un franc jusqu'à cinq francs inclusivement:

.................................................

[1] Le vœu de cet article est suffisamment rempli, si, l'édition contrefaite ayant été presque entièrement vendue, les exemplaires restans sont remis au propriétaire de l'ouvrage, sans que le contrefacteur soit condamné à restituer ce qu'a produit la vente des autres exemplaires.

Les juges ont la faculté de fixer eux-mêmes le surplus de

11° Ceux qui, sans avoir été provoqués, auront proféré contre quelqu'un des injures, autres que celles prévues depuis l'article 367 jusques et compris l'article 378 [1].

## DECRET

*Portant défense à toutes personnes d'imprimer et débiter les sénatus-consultes, codes, lois et règlemens d'administration publique, avant leur publication par la voie du* Bulletin des Lois.

Du 6 juillet 1810.

Napoléon, etc.

Des spéculateurs avides se hâtent de faire imprimer et débiter les lois, avant même qu'elles aient été adoptées par le corps législatif; il résulte de là des éditions fautives qui peuvent égarer les parties, leurs conseils et quelquefois les juges;

Mais en réprimant ces abus, nous n'entendons en aucune manière priver nos sujets de l'avantage de connaître, comme par le passé, par la voie des journaux, l'objet des lois et règlemens, au moment où ils sont annoncés.

Nous avons, en conséquence, sur le rapport

l'indemnité, ou de la faire régler par experts. (*Arrêt de la cour de cassation, du* 30 *janvier* 1818.)

[1] Voyez ci-après la loi du 17 mai 1819, art. 20.

de notre ministre de la justice, et notre conseil d'état entendu, décrété et décrétons ce qui suit :

Art. 1er. Il est défendu à toutes personnes d'imprimer et débiter les sénatus-consultes, codes, lois et règlemens d'administration publique, avant leur insertion et publication, par la voie du *Bulletin*, au chef-lieu du département [1].

Art. 2. Les éditions faites en contravention de l'article précédent seront saisies à la requête de nos procureurs généraux, et la confiscation en sera prononcée par le tribunal de police correctionnelle.

Art. 3. Notre ministre de la justice est chargé de l'exécution du présent décret, qui sera inséré au *Bulletin* des *Lois*.

## AVIS DU CONSEIL D'ÉTAT.

*Portant que le décret du* 5 *février* 1810 *n'a rien innové quant aux droits des auteurs d'ouvrages dramatiques et des compositeurs de musique.*

Séance du 20 août 1811. — Approuvé le 23 du même mois.

Le conseil d'état, qui, d'après le renvoi or-

[1] Voyez ci-après l'ordonnance du Roi, du 12 janvier 1820, article 3.

donné, a entendu le rapport de la section de l'intérieur sur celui du ministre de ce département, relativement à la question de savoir si les dispositions du décret du 5 février 1810, art. 39 et 40, sont applicables aux auteurs d'ouvrages dramatiques ;

Est d'avis que le décret n'a rien innové quant aux droits des auteurs des ouvrages dramatiques et des compositeurs de musique, et que ces droits doivent être réglés conformément aux lois existantes antérieurement audit décret du 5 février ;

Et que le présent avis soit inséré au *Bulletin des Lois.*

## DÉCRET

*Qui autorise la direction générale de l'imprimerie et de la librairie à publier un journal d'annonces de toutes les éditions d'ouvrages imprimés ou gravés.*

Du 14 octobre 1811.

Napoléon, etc.

Voulant prévenir plus efficacement que par le passé la publicité des ouvrages prohibés ou non permis, donner aux libraires les moyens de distinguer les livres défendus et ceux dont le débit est autorisé, et empêcher qu'ils ne soient inquiétés pour raison de la vente des derniers ouvrages ;

Sur le rapport de notre ministre de l'intérieur,

Avons décrété et décrétons ce qui suit :

Art. 1er. La direction générale de l'imprimerie est autorisée à publier un journal dans lequel seront annoncées toutes les éditions d'ouvrages imprimés ou gravés à l'avenir, avec le nom des éditeurs et des auteurs, si ces derniers sont connus, le nombre d'exemplaires de chaque édition et le prix de l'ouvrage.

Elle y fera aussi insérer, avant la publication des ouvrages, les déclarations qui auront été faites par les libraires pour la réimpression des livres du domaine public.

Art. 2. . . .

Art. 3. Conformément aux dispositions de l'article 12[1] de l'arrêt du conseil, du 16 avril 1785, il est défendu à tous auteurs et éditeurs, directeurs et rédacteurs des gazettes, journaux, affiches, feuilles périodiques et autres papiers publics, tant à Paris que dans les départemens, même de ceux étrangers dont la distribution est permise, d'annoncer, sous tel prétexte que ce puisse être, aucun ou-

[1] Cet article porte : « Et en même temps, sa majesté voulant d'autant mieux assurer la remise desdits neuf exemplaires (à la chambre syndicale de Paris), et, en outre, prévenir plus efficacement que par le passé a publicité des ouvrages pro-

vrage imprimé ou gravé, national ou étranger, si ce n'est après qu'il aura été annoncé par le journal de la librairie, en se conformant, pour le prix de l'ouvrage, à celui qui aura été indiqué dans ce journal, à peine de 200 francs d'amende pour la première contravention, et d'amende arbitraire, ainsi que de déchéance de leurs permissions, en cas de récidive, même de telle autre peine qu'il appartiendra, s'il s'agissait d'ouvrages non permis ou prohibés.

Art. 4. Notre ministre de l'intérieur est chargé de l'exécution du présent décret.

hibés ou non permis, a défendu et défend à tous auteurs et éditeurs, directeurs et rédacteurs des gazettes, journaux, affiches, feuilles périodiques et autres papiers publics, tant à Paris que dans les provinces, même de ceux étrangers, dont la distribution est permise dans le royaume, d'annoncer, sous tel prétexte que ce puisse être, aucun ouvrage imprimé ou gravé, national ou étranger, si ce n'est après qu'il aura été annoncé par le *Journal des Savans*, ou subsidiairement par celui de *Paris*, à peine d'être tenus, en leur propre et privé nom, d'acquitter ladite fourniture, et, en outre, de 100 livres d'amende pour la première contravention, de 300 livres pour la seconde, et d'amende arbitraire, ainsi que de déchéance de leurs priviléges ou permissions, pour la troisième, même de telle autre peine qu'il appartiendra, s'il s'agissait d'ouvrages non permis ou prohibés ».

# LOI

## *Relative à la liberté de la presse.*

Du 21 octobre 1814.

Louis, par la grâce de Dieu, roi de France et de Navarre, etc.

### TITRE II.

#### *De la police de la presse.*

Art. 11. Nul ne sera imprimeur ni libraire s'il n'est breveté par le Roi et assermenté [1].

Art. 12. Le brevet pourra être retiré à tout imprimeur ou libraire qui aura été convaincu, par un jugement, de contravention aux lois et règlemens [2].

Art. 13. Les imprimeries clandestines seront détruites, et les possesseurs et dépositaires punis d'une amende de 10,000 francs et d'un emprisonnement de six mois.

Sera réputée *clandestine* toute imprimerie non déclarée à la direction générale de la librairie, et pour laquelle il n'aura pas été obtenu de permission.

Art. 14. Nul imprimeur ne pourra imprimer un écrit, avant d'avoir déclaré qu'il se

[1] Voyez ci-après l'ordonnance du Roi, du 24 du même mois, article 2.

[2] Voyez ci-après la loi du 17 mai 1819, article 24.

propose de l'imprimer, ni le mettre en vente ou le publier, de quelque manière que ce soit, avant d'avoir déposé le nombre prescrit d'exemplaires, savoir : à Paris, au secrétariat de la direction générale ; et dans les départemens, au secrétariat de la préfecture [1].

Art. 15. Il y a lieu à saisie et séquestre d'un ouvrage :

1° Si l'imprimeur ne représente pas les récépissés de la déclaration et du dépôt ordonnés en l'article précédent ;

2° Si chaque exemplaire ne porte pas le vrai nom et la vraie demeure de l'imprimeur ;

3° Si l'ouvrage est déféré aux tribunaux pour son contenu.

Art. 16. Le défaut de déclaration avant l'impression, et le défaut de dépôt avant la publication, constatés comme il est dit en l'article précédent, seront punis chacun d'une amende de 1,000 francs pour la première fois, et de 2,000 francs pour la seconde.

Art. 17. Le défaut d'indication, de la part de l'imprimeur, de son nom et de sa demeure, sera puni d'une amende de 3,000 francs. L'indication d'un faux nom et d'une fausse demeure sont punis d'une amende de 6,000 francs, sans

[1] Voyez ci-après l'ordonnance du Roi, du 24 du même mois, article 14.

préjudice de l'emprisonnement prononcé par le code pénal [1].

Art. 18. Les exemplaires saisis pour simple contravention à la présente loi, seront restitués après le paiement des amendes.

Art. 19. Tout libraire chez qui il sera trouvé, ou qui sera convaincu d'avoir mis en vente ou distribué un ouvrage sans nom d'imprimeur, sera condamné à une amende de 2,000 fr., à moins qu'il ne prouve qu'il ait été imprimé avant la promulgation de la présente loi. L'amende sera réduite à 1,000 francs, si le libraire fait connaître l'imprimeur.

Art. 20. Les contraventions seront constatées par les procès-verbaux des inspecteurs de la librairie, et des commissaires de police.

Art. 21. Le ministère public poursuivra d'office les contrevenans par-devant les tribunaux de police correctionnelle, sur la dénonciation du directeur général de la librairie, et la remise d'une copie des procès-verbaux.

## ORDONNANCE DU ROI

*Contenant des mesures relatives à l'impression, au dépôt et à la publication des ouvrages.*

Au château des Tuileries, le 24 octobre 1814.

Louis, par la grâce de Dieu, roi de France et de Navarre, etc.

[1] Voyez plus haut l'article 283.

Sur le rapport de notre amé et féal chevalier, le chancelier de France;

Notre conseil d'état entendu, nous avons ordonné et ordonnons ce qui suit :

Art. 1er. Les brevets d'imprimeur et de libraire, délivrés jusqu'à ce jour, sont confirmés; les conditions auxquelles il en sera délivré à l'avenir, seront déterminées par un nouveau règlement [1].

Art. 2. Chaque imprimeur sera tenu, conformément aux règlemens [2], d'avoir un livre coté et paraphé par le maire de la ville où il réside, où il inscrira, par ordre de dates et avec une série de numéros, le titre littéral de tous les ouvrages qu'il se propose d'imprimer, le nombre des feuilles, des volumes et des exemplaires, et le format de l'édition. Ce livre sera représenté, à toute réquisition, aux inspecteurs de la librairie et aux commissaires de police, et visé par eux s'ils le jugent convenable.

La déclaration prescrite par l'article 14 de la loi du 21 octobre 1814, sera conforme à l'inscription portée au livre.

Art. 3. Les dispositions dudit article s'ap-

[1] Ce règlement n'a point été fait.

[2] C'est-à-dire à l'article 11 du décret du 5 février 1810. Mais ces deux articles sont abrogés par la loi du 17 mai 1819, article 24.

pliquent aux estampes et aux planches gravées accompagnées d'un texte [1].

Art. 4. Le nombre d'exemplaires qui doivent être déposés, ainsi qu'il est dit au même article, reste fixé à cinq, lesquels seront répartis ainsi qu'il suit : un pour notre bibliothèque, un pour notre amé et féal chevalier, le chancelier de France, un pour notre ministre secrétaire d'état au département de l'intérieur, un pour le directeur général de la librairie, et le cinquième pour le censeur qui aura été ou qui sera chargé d'examiner l'ouvrage [2].

. . . . . . . . . . . . . . . . . . . . . . . . . . . .

Art. 7. En exécution de l'article 20 de la même loi, les commissaires de police rechercheront et constateront d'office toutes les contraventions; et ils seront tenus aussi de déférer à toutes les réquisitions qui leur seront adressées à cet effet par les préfets, sous-préfets et maires, et par les inspecteurs de la librairie. Ils enverront dans les vingt-quatre heures tous les procès-verbaux qu'ils auront dressés, à Paris, au directeur général de la librairie; et dans les départemens, aux préfets, qui les feront passer sur-le-champ au directeur général, seul

[1] Ainsi qu'aux planches lithographiques. Voyez ci-après l'ordonnance du Roi, du 8 octobre 1817.

[2] Depuis la suppression de la censure cet exemplaire ne doit plus être déposé.

chargé par l'article 21 de dénoncer les contrevenans aux tribunaux [1].

Art. 8. Le nombre d'épreuves des estampes et planches gravées, sans texte, qui doivent être déposées pour notre bibliothèque, reste fixé à deux, dont une avant la lettre ou en couleur, s'il en a été tiré ou imprimé de cette espèce.

Il sera déposé en outre trois épreuves, dont une pour notre amé et féal chevalier, le chancelier de France, une pour notre ministre secrétaire d'état au département de l'intérieur, et la troisième pour le directeur général de la librairie.

Art. 9. Le dépôt ordonné en l'article précédent sera fait, à Paris, au secrétariat de la direction générale ; et dans les départemens, au secrétariat de la préfecture. Le récépissé détaillé, qui en sera délivré à l'auteur, formera son titre de propriété, conformément aux dispositions de la loi du 19 juillet 1793.

Art. 10. Toute estampe ou planche gravée, publiée ou mise en vente avant le dépôt de cinq épreuves, constaté par le récépissé, sera saisie par les inspecteurs de la librairie et les commissaires de police, qui en dresseront procès-verbal.

Art. 11. Il est défendu de publier aucune

[1] Abrogé par la loi du 26 mai 1819.

estampe et gravure diffamatoire ou contraire aux bonnes mœurs, sous les peines prononcées par le code pénal [1].

Art. 12. Conformément aux dispositions de l'article 12 de l'arrêt du conseil du 16 avril 1785, et à l'article 3 du décret du 14 octobre 1811, il est défendu à tous auteurs et éditeurs de journaux, affiches et feuilles périodiques, tant à Paris que dans les départemens, sous peine de déchéance de l'autorisation qu'ils auraient obtenue, d'annoncer aucun ouvrage imprimé ou gravé, si ce n'est après qu'il aura été annoncé par le journal de la librairie.

## LOI

### *Sur les finances* [2].

Du 28 avril 1816.

Louis, par la grâce de Dieu, etc.

#### TITRE VII.

#### § II.

*Du timbre et autres droits.*

Art. 65. Toutes les affiches, quel qu'en soit l'objet, seront sur papier timbré, qui sera fourni par la régie, et dont le débit sera sou-

[1] Voyez ci-après la loi du 17 mai 1819.

[2] Voyez ci-après les lois des 25 mars 1817, 15 mai 1818, 17 juillet 1819, 23 juillet 1820 et 31 juillet 1821.

mis aux mêmes règles que celui du papier timbré destiné aux actes.

Conformément à la loi du 28 juillet 1791 [1], ce papier ne pourra être de couleur blanche; il portera le même filigrane que les autres papiers timbrés.

Le prix de la feuille portant vingt-cinq décimètres carrés de superficie, sera de dix centimes; celui de la demi-feuille, de cinq centimes.

Art. 66. Les avis et autres annonces, de quelque nature et espèce qu'ils soient, assujettis au timbre par la loi du 6 prairial an VII, qui ne sont pas destinés à être affichés, pourront être imprimés sur papier blanc.

Le prix de la feuille, sera de dix centimes; celui de la demi-feuille, de cinq centimes; celui du quart de feuille, de deux centimes et demi; celui du demi-quart, cartes et autres de plus petite dimension, sera d'un centime.

Le papier sera fourni par la régie; les cartes seront fournies par les particuliers, mais timbrées avant tout emploi.

Art. 67. La subvention du dixième ne sera

[1] Cette loi est ainsi conçue : « Les affiches des actes émanés de l'autorité publique seront seules imprimées sur papier blanc ordinaire, et celles faites par des particuliers ne pourront l'être que sur papier de couleur, sous peine de l'amende ordinaire de police municipale. »

point ajoutée aux droits de timbre énoncés aux cinq articles précédens.

Art. 68. Il est défendu aux imprimeurs de tirer aucun exemplaire desdites annonces, affiches ou avis, sur papier non timbré, sous prétexte de les faire frapper d'un timbre extraordinaire. Une ordonnance déterminera l'époque à laquelle l'approvisionnement de la régie permettra de faire exécuter le présent article.

Art. 69. La contravention d'un imprimeur à ces dispositions, sera punie d'une amende de 500 francs, sans préjudice du droit de Sa Majesté de lui retirer sa commission.

Ceux qui seront convaincus d'avoir ainsi fait afficher et distribuer des imprimés non timbrés, seront condamnés à une amende de 100 francs.

Les afficheurs et distributeurs seront, en outre, condamnés aux peines de simple police, déterminés par l'article 474 du code pénal[1].

L'amende sera solidaire et emportera contrainte par corps.

Art. 70. Les autres dispositions des lois du timbre relatives aux prospectus, catalogues de livres, tableaux et objets de science et journaux, continueront d'être exécutées; celles qui concernent le timbre des journaux, s'appliqueront à tous ouvrages de quelque étendue qu'ils

[1] Trois jours d'emprisonnement.

soient, qui paraîtraient, soit régulièrement, soit irrégulièrement, par mois, par semaine, soit par numéros, quand même le service n'en serait pas régulier.

## LOI

### *Sur les finances*[1].

Du 25 mars 1817.

Louis, par la grâce de Dieu, etc.

#### TITRE VI.

*Droits d'enregistrement et de timbre.*

Art. 76. Les ouvrages périodiques relatifs aux arts, ne paraissant qu'une fois par mois ou à des intervalles plus éloignés, et contenant au moins deux feuilles d'impression, seront exempts du timbre.

Seront également exempts les annonces, prospectus et catalogues de libraire.

Art. 77. Les particuliers qui voudront se servir pour affiches, avis ou annonces, d'autre papier que celui de l'administration de l'enregistrement, seront admis à le faire timbrer avant l'impression.

La contravention à l'article 65 de la loi du 28 avril 1816, qui défend de se servir pour les affiches, de papier de couleur blanche, sera

[1] Voyez ci-après les lois des 15 mai 1818, 17 juillet 1819, 23 juillet 1820 et 31 janvier 1821.

punie d'une amende de 100 francs à la charge de l'imprimeur, qui sera toujours tenu d'indiquer son nom et sa demeure au bas de l'affiche.

## ORDONNANCE DU ROI

*Relative aux impressions lithographiques*[1].

Du 8 octobre 1817.

Louis, par la grâce de Dieu, roi de France et de Navarre, etc.

L'art de la lithographie a reçu depuis une époque très-récente de nombreuses applications qui l'assimilent entièrement à l'impression en caractères mobiles et à celle en taille douce, et il s'est formé, pour la pratique de cet art, des établissemens de la même nature que les imprimeries ordinaires sur lesquelles il a été statué par la loi du 21 octobre 1814.

A ces causes, voulant prévenir les inconvéniens qui résulteraient de l'usage clandestin des presses lithographiques ;

Vu les articles 11, 13 et 14 de la loi du 21 octobre 1814, nous avons ordonné et ordonnons ce qui suit :

Art. 1er. Nul ne sera imprimeur lithographe, s'il n'est breveté et assermenté.

Art. 2. Toutes les impressions lithogra-

[1] Voyez ci-après la loi du 25 mars 1822, article 12, et l'ordonnance du Roi, du 1er mai 1822.

phiques seront soumises à la déclaration et au dépôt, avant la publication, comme tous les autres ouvrages d'imprimerie.

Art. 3. Notre ministre secrétaire d'état au département de la police générale, est chargé de l'exécution de la présente ordonnance.

## LOI

### *Sur les finances*[1].

Du 15 mai 1818.

Louis, par la grâce de Dieu, etc.

Art. 76. A compter du 1er juillet prochain, le papier pour affiches, avis ou annonces, ne sera plus fourni par la régie de l'enregistrement.

Conformément à l'article 68 de la loi du 30 septembre 1797 (9 *vendémiaire an VI*), les particuliers feront timbrer le papier dont ils voudront faire usage.

Ils acquitteront le droit réglé par les articles 65, 66 et 67 de la loi du 28 avril 1816.

Le papier sera présenté au timbre avant l'impression, sous les peines portées par l'article 69 de cette dernière loi.

Néanmoins la disposition de l'article 77 de la loi du 25 mars 1817, qui défend de se servir

[1] Voyez ci-après les lois du 17 juillet 1819, 23 juillet 1820 et 31 juillet 1821.

pour les affiches de papier de couleur blanche, et qui prononce une amende de 100 fr. contre l'imprimeur, en cas de contravention, est et demeure maintenue.

## LOI

*Sur la répression des crimes et délits commis par la voie de la presse, ou par tout autre moyen de publication.*

A Paris, le 17 mai 1819.

Louis, par la grâce de Dieu, etc.

### CHAPITRE PREMIER.

*De la provocation publique aux crimes et délits.*

Art. 1er. Quiconque, soit par des discours, des cris ou des menaces proférés dans des lieux ou réunions publics, soit par des écrits, des imprimés, des dessins, des gravures, des peintures ou emblêmes vendus ou distribués, mis en vente, ou exposés dans des lieux ou réunions publics, soit par des placards et affiches exposés aux regards du public, aura provoqué l'auteur ou les auteurs de toute action qualifiée crime ou délit, à la commettre, sera réputé complice et puni comme tel [1].

[1] Pour que celui qui s'est rendu complice de diffamation puisse être puni par le tribunal de police correctionnelle, il faut que la publicité du délit soit déclarée constante; sinon l'action est de la compétence de la simple police. (*Arrêt de la cour de cassation du* 12 *décembre* 1819.

Art. 2. Quiconque aura, par l'un des moyens énoncés en l'article 1er, provoqué à commettre un ou plusieurs crimes, sans que ladite provocation ait été suivie d'aucun effet, sera puni d'un emprisonnement qui ne pourra être de moins de trois mois, ni excéder cinq années, et d'une amende qui ne pourra être au-dessous de 50 fr., ni excéder 6,000 fr. [1].

Art. 3. Quiconque aura, par l'un des mêmes moyens, provoqué à commettre un ou plusieurs délits, sans que ladite provocation ait été suivie d'aucun effet, sera puni d'un emprisonnement de trois jours à deux années, et d'une amende de 30 fr. à 4,000 fr., ou de l'une de ces deux peines seulement, selon les circonstances, sauf les cas dans lesquels la loi prononcerait une peine moins grave contre l'auteur même du délit, laquelle sera alors appliquée au provocateur [2].

Art. 4. Sera réputée provocation au crime, et punie des peines portées par l'art. 2, toute attaque formelle par l'un des moyens énoncés en l'article 1er, soit contre l'inviolabilité de la personne du Roi, soit contre l'ordre de successibilité au trône, soit contre l'autorité constitutionnelle du Roi et des chambres [3].

[1] Voyez ci-après la loi du 25 mars 1822, article 9.

[2] *Idem.*

[3] Abrogé par l'article 2 de la loi précitée.

Art. 5. Seront réputés provocation au délit et punis des peines portées par l'art. 3 :

1° Tous cris séditieux publiquement proférés, autres que ceux qui rentreraient dans la disposition de l'art. 4 [1];

2° L'enlèvement ou la dégradation des signes publics de l'autorité royale, opérés par haine ou mépris de cette autorité [2];

3° Le port public de tous signes extérieurs de ralliement non autorisés par le Roi ou par des réglemens de police [3];

4° L'attaque formelle, par l'un des moyens énoncés en l'article 1er, des droits garantis par les articles 5 et 9 de la charte constitutionnelle [4].

Art. 6. La provocation, par l'un des mêmes moyens, à la désobéissance aux lois, sera également punie des peines portées en l'article 3.

Art. 7. Il n'est point dérogé aux lois qui punissent la provocation et la complicité résultant de tous actes autres que les faits de publication prévus par la présente loi.

[1] Abrogé par l'article 8 de la loi précitée.

[2] Abrogé par la loi précitée, article 9, 1°.

[3] *Idem*, 2°.

[4] Abrogé par la loi précitée, article 3.

## CHAPITRE II.

### *Des outrages à la morale publique et religieuse, ou aux bonnes mœurs.*

Art. 8. Tout outrage à la morale publique et religieuse [1] ou aux bonnes mœurs, par l'un des moyens énoncés en l'article premier, sera puni d'un emprisonnement d'un mois à un an, et d'une amende de seize francs à cinq cinq cents francs.

## CHAPITRE III.

### *Des offenses publiques envers la personne du Roi.*

Art. 9. Quiconque, par l'un des moyens énoncés en l'article premier de la présente loi, se sera rendu coupable d'offenses envers la personne du Roi, sera puni d'un emprisonnement qui ne pourra être de moins de six mois, ni excéder cinq années, et d'une amende qui ne pourra être au-dessous de 500 francs, ni excéder 10,000 francs.

Le coupable pourra, en outre, être interdit de tout ou partie des droits mentionnés en l'art. 42 du Code pénal, pendant un temps égal à celui de l'emprisonnement auquel il aura été condamné; ce temps courra à compter du jour où le coupable aura subi sa peine.

[1] Voyez la loi précitée, article 1er.

## CHAPITRE IV.

### *Des offenses publiques envers les membres de la famille royale, les chambres, les souverains et les chefs des gouvernemens étrangers.*

Art. 10. L'offense, par l'un des moyens énoncés en l'article 1er, envers les membres de la famille royale, sera punie d'un emprisonnement d'un mois à trois ans, et d'une amende de 100 francs à 5,000 francs.

Art. 11. L'offense, par l'un des mêmes moyens, envers les chambres ou l'une d'elles, sera punie d'un emprisonnement d'un mois à trois ans, et d'une amende de 100 francs à 5,000 francs [1].

Art. 12. L'offense, par l'un des mêmes moyens, envers la personne des souverains, ou envers celles des chefs des gouvernemens étrangers, sera punie d'un emprisonnement d'un mois à trois ans, et d'une amende de 100 francs à 5,000 francs.

## CHAPITRE V.

### *De la diffamation et de l'injure publiques.*

Art. 13. Toute allégation ou imputation d'un

[1] Voyez la loi précitée, article 15.

fait qui porte atteinte à l'honneur ou à la considération de la personne ou du corps auquel le fait est imputé, est une diffamation.

Toute expression outrageante, terme de mépris ou invective, qui ne renferme l'imputation d'aucun fait, est une injure [1].

Art. 14. La diffamation et l'injure, commises par l'un des moyens énoncés en l'art. 1er de la présente loi, seront punies d'après les dispositions suivantes.

Art. 15. La diffamation ou l'injure envers les cours, tribunaux ou autres corps constitués, sera punie d'un emprisonnement de quinze jours à deux ans, et d'une amende de 50 francs à 4,000 francs [2].

Art. 16. La diffamation envers tout dépositaire ou agent de l'autorité publique, pour des faits relatifs à ses fonctions, sera punie d'un emprisonnement de huit jours à dix-huit mois, et d'une amende de 50 francs à 3,000 francs.

L'emprisonnement et l'amende pourront,

[1] Pour qu'un individu inculpé du délit de diffamation en soit également acquitté, il faut que l'on décide qu'il ne s'est pas rendu coupable d'avoir imputé au plaignant un fait qui eût porté atteinte à son honneur ou à sa considération. (*Arrêt de la cour de cassation du* 3 *août* 1820.)

[2] Abrogé par la loi précitée, art. 5.

dans ce cas, être infligés cumulativement ou séparément, selon les circonstances [1].

Art. 17. La diffamation envers les ambassadeurs, ministres plénipotentiaires, envoyés, chargés d'affaires ou autres agens diplomatiques accrédités près du Roi, sera punie d'un emprisonnement de huit jours à dix-huit mois, et d'une amende de 50 francs à 3,000 francs, ou de l'une de ces deux peines seulement, selon les circonstances.

Art. 18. La diffamation envers les particuliers sera punie d'un emprisonnement de cinq jours à un an, et d'une amende de 25 francs à 2,000 francs, ou de l'une de ces deux peines seulement, selon les circonstances.

Art. 19. L'injure contre les personnes désignées par les articles 16 et 17 de la présente loi, sera punie d'un emprisonnement de cinq jours à un an, et d'une amende de 25 francs à 2,000 francs, ou de l'une de ces deux peines seulement, selon les circonstances.

L'injure contre les particuliers sera punie d'une amende de 16 francs à 500 francs.

Art. 20. Néanmoins, l'injure qui ne renfermerait pas l'imputation d'un vice déterminé, ou qui ne serait pas publique, continuera d'être punie des peines de simple police [2].

[1] Voyez la loi précitée, art. 6.

[2] Voy. plus haut, p. 29 et 31, les art. 376 et 471 du Code pénal.

## CHAPITRE VI.

### *Dispositions générales.*

Art. 21. Ne donneront ouverture à aucune action les discours tenus dans le sein de l'une des deux chambres, ainsi que les rapports ou toutes autres pièces imprimés par ordre de l'une des deux chambres.

Art. 22. Ne donnera lieu à aucune action, le compte fidèle des séances publiques de la chambre des députés, rendu de bonne foi dans les journaux [1].

Art. 23. Ne donneront lieu à aucune action en diffamation ou injure, les discours prononcés ou les écrits produits devant les tribunaux; pourront, néanmoins, les juges saisis de la cause, en statuant sur le fond, prononcer la suppression des écrits injurieux ou diffamatoires, et condamner qui il appartiendra en des dommages-intérêts.

Les juges pourront aussi, dans le même cas, faire des injonctions aux avocats et officiers ministériels, ou même les suspendre de leurs fonctions.

La durée de cette suspension ne pourra excéder six mois; en cas de récidive, elle sera d'un an au moins, et de cinq ans au plus.

[1] Voyez ci-après la loi du 25 mars 1822, article 7.

Pourront, toutefois, les faits diffamatoires étrangers à la cause, donner ouverture, soit à l'action publique, soit à l'action civile des parties, lorsqu'elle leur aura été réservée par les tribunaux, et, dans tous les cas, à l'action civile des tiers.

Art. 24. Les imprimeurs d'écrits dont les auteurs seraient mis en jugement en vertu de la présente loi, et qui auraient rempli les obligations prescrites par le titre 2 de la loi du 21 octobre 1814, ne pourront être recherchés pour le simple fait d'impression de ces écrits, à moins qu'ils n'aient agi sciemment, ainsi qu'il est dit à l'article 60 du Code pénal, qui définit la complicité.

Art. 25. En cas de récidive des crimes et délits prévus par la présente loi, il pourra y avoir lieu à l'aggravation de peines prononcées par le Chapitre IV, Livre Ier du Code pénal [1].

Art. 26. Les articles 102, 217, 367, 368, 369, 370, 371, 372, 374, 375, 377 du Code pénal, et la loi du 9 novembre 1815, sont abrogés.

[1] Art. 58, ainsi conçu : « Les coupables condamnés correctionnellement à un emprisonnement de plus d'une année, seront aussi, en cas de nouveau délit, condamnés au maximum de la peine portée par la loi, et cette peine pourra être élevée jusqu'au double : ils seront de plus mis sous la surveillance spéciale du gouvernement pendant au moins cinq années, et dix ans au plus. »

Toutes les autres dispositions du Code pénal, auxquelles il n'est pas dérogé par la présente loi, continueront d'être exécutées.

## LOI

*Relative à la poursuite et au jugement des crimes et délits commis par la voie de la presse, ou par tout autre moyen de publication.*

Paris le 26 mai 1819.

Louis, par la grâce de Dieu, etc.

Art. 1er. La poursuite des crimes et délits commis par la voie de la presse, ou par tout autre moyen de publication, aura lieu d'office et à la requête du ministère public, sous les modifications suivantes [1].

Art. 2. Dans le cas d'offense envers les chambres ou l'une d'elles, par voie de publication, la poursuite n'aura lieu qu'autant que la chambre qui se croira offensée l'aura autorisée [2].

Art. 3. Dans le cas du même délit contre la personne des souverains, et celle des chefs des gouvernemens étrangers, la poursuite n'aura lieu que sur la plainte ou à la requête

[1] Voyez la loi du 25 mars 1822, article 17.

[2] Voyez la loi précitée, articles 15, 16 et 17.

du souverain ou du chef du gouvernement qui se croira offensé [1].

Art. 4. Dans le cas de diffamation ou d'injure contre les cours, tribunaux ou autres corps constitués, la poursuite n'aura lieu qu'après une délibération de ces corps, prise en assemblée générale et requérant les poursuites.

Art. 5. Dans le cas des mêmes délits contre tout dépositaire ou agent de l'autorité publique, contre tout agent diplomatique ou étranger accrédité près du Roi, ou contre tout particulier, la poursuite n'aura lieu que sur la plainte de la partie qui se prétendra lésée [2].

Art. 6. La partie publique, dans son réquisitoire, si elle poursuit d'office, ou le plaignant, dans sa plainte, seront tenus d'articuler et de qualifier les provocations, attaques, offenses, outrages, faits diffamatoires ou injures, à raison desquels la poursuite est intentée, et ce, à peine de nullité de la poursuite [3].

[1] Voyez la loi précitée, article 17.

[2] Voyez la loi précitée, article 17.

Lorsque le ministère public n'a pas appelé d'un jugement rendu par un tribunal de police correctionnelle, dans le cas de diffamation, on ne peut, sur l'appel de la partie civile, aggraver le sort du prévenu, soit en prononçant une peine, soit en augmentant celle portée dans le premier jugement. (*Arrêt de la cour de cassation du* 13 *avril* 1820.)

[3] La plainte de M. Decazes contre le *Drapeau blanc* a été

Art. 7. Immédiatement après avoir reçu le réquisitoire ou la plainte, le juge d'instruction pourra ordonner la saisie des écrits, imprimés, placards, dessins, gravures, peintures, emblêmes ou autres instrumens de publication.

L'ordre de saisir et le procès-verbal de saisie, seront notifiés, dans les trois jours de ladite saisie, à la personne entre les mains de laquelle la saisie aura été faite, à peine de nullité.

Art. 8. Dans les huit jours de ladite notification, le juge d'instruction est tenu de faire son rapport à la chambre du conseil, qui procède ainsi qu'il est dit au Code d'instruction criminelle, livre premier, chapitre 9, sauf les dispositions ci-après.

Art. 9. Si la chambre du conseil est unanimement d'avis qu'il n'y a pas lieu à poursuivre, elle prononce la main-levée de la saisie.

Art. 10. Dans le cas contraire, ou dans le cas de pourvoi du procureur du Roi ou de la partie civile contre la décision de la chambre du conseil, les pièces sont transmises, sans délai, au procureur général près la cour royale, qui est tenu, dans les cinq jours de la récep-

rejetée, faute de qualification du délit. (*Cour royale de Paris*, 1820.)

tion, de faire son rapport à la chambre des mises en accusation, laquelle est tenue de prononcer dans les trois jours dudit rapport.

Art. 11. A défaut par la chambre du conseil du tribunal de première instance d'avoir prononcé dans les dix jours de la notification du procès-verbal de saisie, la saisie sera de plein droit périmée. Elle le sera également à défaut, par la cour royale, d'avoir prononcé sur cette même saisie dans les dix jours du dépôt en son greffe, de la requête que la partie saisie est autorisée à présenter, à l'appui de son pourvoi, contre l'ordonnance de la chambre du conseil. Tous les dépositaires des objets saisis seront tenus de les rendre au propriétaire sur la simple exhibition du certificat des greffiers respectifs, constatant qu'il n'y a pas eu d'ordonnance ou d'arrêts dans les délais ci-dessus prescrits.

Les greffiers sont tenus de délivrer ce certificat à la première réquisition, sous peine d'une amende de 300 francs, sans préjudice des dommages-intérêts, s'il y a lieu.

Toutes les fois qu'il ne s'agira que d'un simple délit, la péremption de la saisie entraînera celle de l'action publique.

Art. 12. Dans le cas où les formalités prescrites par les lois et règlemens concernant le dépôt auront été remplies, les poursuites à la requête du ministère public ne pourront être faites que devant les juges du lieu où le dépôt aura été opéré, où de celui de la résidence du prévenu.

En cas de contravention aux dispositions ci-dessus rappelées concernant le dépôt, les poursuites pourront être faites, soit devant le juge de la résidence du prévenu, soit dans les lieux où les écrits et autres instrumens de publication auront été saisis.

Dans tous les cas, la poursuite à la requête de la partie plaignante, pourra être portée devant les juges de son domicile, lorsque la publication y aura été effectuée.

Art. 13. Les crimes et délits commis par la voie de la presse ou tout autre moyen de publication, à l'exception de ceux désignés dans l'article suivant, seront renvoyés par la chambre des mises en accusation de la cour royale devant la cour d'assises, pour être jugés à la plus prochaine session. L'arrêt de renvoi sera de suite notifié au prévenu [1].

Art. 14. Les délits de diffamation verbale ou d'injure verbale contre toute personne, et

[1] Abrogé par l'article 17 précité.

ceux de diffamation ou d'injure par une voie de publication quelconque contre des particuliers, seront jugés par les tribunaux de police correctionnelle, sauf les cas attribués aux tribunaux de simple police [1].

Art. 15. Sont tenues, la chambre du conseil du tribunal de première instance, dans le jugement de mise en prévention, et la chambre des mises en accusation de la cour royale, dans l'arrêt de renvoi devant la cour d'assises, d'articuler et de qualifier les faits à raison desquels lesdits prévention ou renvoi sont prononcés, à peine de nullité desdits jugement ou arrêt [2].

Art. 16. Lorsque la mise en accusation aura été prononcée pour crimes commis par voie de publication, et que l'accusé n'aura pu être saisi, ou qu'il ne se présentera pas, il sera procédé contre lui, ainsi qu'il est prescrit au Livre II, titre IV, du Code d'instruction criminelle, chapitre des contumaces [3].

[1] L'article 463 du Code pénal qui autorise, dans certains cas, les juges des tribunaux de police correctionnelle à modérer la peine, ne s'applique qu'aux délits prévus par ce code, et ne peut être étendu à ceux qui sont punis par des lois spéciales. (*Arrêt de la cour de cassation du 5 janvier 1821.*) Voyez la loi précitée, article 14.

[2] Voyez la note sur l'article 11.

[3] Cet article, et ceux qui suivent jusqu'au 24e, sont abrogés par l'article 17 précité.

Art. 17. Lorsque le renvoi de la cour d'assises aura été fait pour délits spécifiés dans la présente loi, le prévenu, s'il n'est présent au jour fixé pour le jugement par l'ordonnance du président, dûment notifiée audit prévenu ou à son domicile, dix jours au moins avant l'échéance, outre un jour par cinq myriamètres de distance, sera jugé par défaut. La cour statuera sans assistance ni intervention de jurés, tant sur l'action publique que sur l'action civile.

Art. 18. Le prévenu pourra former opposition à l'arrêt par défaut dans les dix jours de la notification qui lui en aura été faite, ou à son domicile, outre un jour par cinq myriamètres de distance, à charge de notifier son opposition, tant au ministère public qu'à la partie civile. Le prévenu supportera, sans recours, les frais de l'expédition et de la signification de l'arrêt par défaut et de l'opposition, ainsi que de l'assignation et de la taxe des témoins appelés à l'audience pour le jugement de l'opposition.

Art. 19. Dans les cinq jours de la notification de l'opposition, le prévenu devra déposer au greffe une requête tendante à obtenir du président de la cour d'assises une ordonnance fixant le jour du jugement de l'opposition : cette ordonnance fixera le jour aux plus prochaines assises; elle sera signifiée, à la requête du ministère public, tant au prévenu qu'au plaignant, avec assignation au jour fixé, dix jours au moins avant l'échéance. Faute par le prévenu de remplir les formalités mises à sa charge par le présent article, ou de comparaître par lui-même ou par un fondé de pouvoir au jour fixé par l'ordonnance, l'opposition sera réputée non avenue, et l'arrêt par défaut sera définitif.

Art. 20. Nul ne sera admis à prouver la vérité des faits diffamatoires, si ce n'est dans le cas d'imputation contre des dépositaires ou agens de l'autorité, ou contre toutes personnes ayant agi dans un caractère public, de faits relatifs à leurs fonctions. Dans ce cas, les faits pourront être prouvés par-devant la cour d'assises par toutes les voies ordinaires, sauf la preuve contraire par les mêmes voies.

La preuve des faits imputés met l'auteur de l'imputation à l'abri de toute peine, sans préjudice des peines prononcées contre toute injure qui ne serait pas nécessairement dépendante des mêmes faits [1].

Art. 21. Le prévenu qui voudra être admis

[1] Cet article, destiné à remplacer l'article 368 du Code pénal, abrogé par la loi du 17 mai 1819, article 26, a lui-même été abrogé, ainsi que les quatre articles suivans, par l'article 16 de la loi précitée.

à prouver la vérité des faits dans le cas prévu par le précédent article, devra, dans les huit jours qui suivront la notification de l'arrêt de renvoi devant la cour d'assises, ou de l'opposition à l'arrêt par défaut rendu contre lui, faire signifier au plaignant :

1° Les faits articulés et qualifiés dans cet arrêt desquels il entend prouver la vérité;

2° La copie des pièces;

3° Les noms, professions et demeures des témoins par lesquels il entend faire sa preuve.

Cette signification contiendra élection de domicile près la cour d'assises; le tout à peine d'être déchu de la preuve.

Art. 22. Dans les huit jours suivans, le plaignant sera tenu de faire signifier au prévenu, au domicile par lui élu, la copie des pièces, et les noms, professions et demeures des témoins par lesquels il entend faire la preuve contraire; le tout également sous peine de déchéance.

Art. 23. Le plaignant en diffamation ou injure pourra faire entendre des témoins qui attesteront sa moralité; les noms, professions et demeures de ces témoins seront notifiés au prévenu ou à son domicile, un jour au moins avant l'audition.

Le prévenu ne sera point admis à faire entendre des témoins contre la moralité du plaignant.

Art. 24. Le plaignant sera tenu, immédiatement après l'arrêt de renvoi, d'élire domicile près la cour d'assises, et de notifier cette élection au prévenu et au ministère public; à défaut de quoi toutes significations seront faites valablement au plaignant, au greffe de la cour.

Lorsque le prévenu sera en état d'arrestation, toutes notifications, pour être valables, devront lui être faites à personne.

Art. 25. Lorsque les faits imputés seront punissables selon la loi, et qu'il y aura des poursuites commencées à la requête du ministère public, ou que l'auteur de l'imputation aura dénoncé ces faits, il sera, durant l'instruction, sursis à la poursuite et au jugement du délit de diffamation.

Art. 26. Tout arrêt de condamnation contre les auteurs ou complices des crimes et délits commis par la voie de publication, ordonnera la suppression ou la destruction des objets saisis, ou de tous ceux qui pourront l'être ultérieurement, en tout ou en partie, suivant qu'il y aura lieu pour l'effet de la condamnation.

L'impression ou l'affiche de l'arrêt pourront être ordonnées aux frais du condamné.

Ces arrêts seront rendus publics dans la

même forme que les jugemens portant déclaration d'absence[1].

Art. 27. Quiconque, après que la condamnation d'un écrit, de dessins ou gravures, sera réputée connue par la publication dans les formes prescrites par l'article précédent, les réimprimera, vendra ou distribuera, subira le *maximum* de la peine qu'aurait pu encourir l'auteur.

Art. 28. Toute personne inculpée d'un délit commis par la voie de la presse, ou par tout autre moyen de publication, contre laquelle il aura été décerné un mandat de dépôt ou d'arrêt, obtiendra sa mise en liberté provisoire, moyennant caution. La caution à exiger de l'inculpé ne pourra être supérieure au double du *maximum* de l'amende prononcée par la loi contre le délit qui lui est imputé.

Art. 29. L'action publique contre les crimes et délits commis par la voie de la presse, ou tout autre moyen de publication, se prescrira par six mois révolus, à compter du fait de publication qui donnera lieu à la poursuite[2].

[1] C'est-à-dire, par la voie du Moniteur.

[2] La réimpression d'un ouvrage qui a librement circulé pendant le temps nécessaire pour opérer la prescription, ne peut donner lieu à aucunes poursuites. (*Arrêt de la cour d'assises de Paris, dans l'affaire de Cauchois-Lemaire, du* 31 *août* 1821.)

Pour faire courir cette prescription de six mois, la publication d'un écrit devra être précédée du dépôt et de la déclaration que l'éditeur entend le publier.

S'il a été fait, dans cet intervalle, un acte de poursuite ou d'instruction, l'action publique ne se prescrira qu'après un an, à compter du dernier acte, à l'égard même des personnes qui ne seraient pas impliquées dans ces actes d'instruction ou de poursuite.

Néanmoins dans le cas d'offense envers les chambres, le délai ne courra pas dans l'intervalle de leurs sessions.

L'action civile ne se prescrira, dans tous les cas, que par la révolution de trois années, à compter du fait de la publication.

Art. 30. Les délits commis par la voie de la presse ou par tout autre moyen de publication, et qui ne seraient point encore jugés, le seront suivant les formes prescrites par la présente loi.

Art. 31. La loi du 28 février 1817 est abrogée.

Les dispositions du code d'instruction criminelle auxquelles il n'est pas dérogé par la présente loi, continueront d'être exécutées.

# LOI

## *Relative à la publication des journaux ou écrits périodiques*[1].

A Paris le 9 juin 1819.

Louis, par la grâce de Dieu, etc.

Art. 1er. Les propriétaires ou éditeurs de tout journal ou écrit périodique, consacré en tout ou en partie aux nouvelles ou matières politiques, et paraissant, soit à jour fixe, soit par livraison et irrégulièrement, mais plus d'une fois par mois, seront tenus

1°. De faire une déclartion indiquant le nom, au moins, d'un propriétaire ou éditeur responsable, sa demeure et l'imprimerie, dûment autorisée, dans laquelle le journal ou l'écrit périodique doit être imprimé;

2°. De fournir un cautionnement, qui sera, dans les départemens de la Seine, de Seine-et-Oise et de Seine-et-Marne, de 10,000 francs de rente pour les journaux quotidiens, et de 6000 francs de rente pour les journaux ou écrits périodiques, paraissant à des termes moins rapprochés;

Et dans les autres départemens, le cautionnement relatif aux journaux quotidiens sera

[1] Voyez la loi sur les finances du 28 avril 1816 et des années suivantes.

de 2500 francs de rente dans les villes de cinquante mille âmes et au-dessus ; de 1500 francs de rente dans les villes au-dessous, et de la moitié de ces rentes pour les journaux ou écrits périodiques qui paraissent à des termes moins rapprochés.

Les cautionnemens pourront être également effectués à la caisse des consignations, en y versant le capital de la rente au cours du jour du dépôt [1].

Art. 2. La responsabilité des auteurs ou éditeurs indiqués dans la déclaration s'étendra à tous les articles insérés dans le journal ou écrit périodique, sans préjudice de la solidarité des auteurs ou rédacteurs desdits articles [2].

Art. 3. Le cautionnement sera affecté, par privilége, aux dépens, dommages-intérêts et amendes auxquels les propriétaires ou éditeurs pourront être condamnés : le prélèvement s'opérera dans l'ordre indiqué au présent article. En cas d'insuffisance, il y aura lieu à recours solidaire sur les biens des propriétaires ou éditeurs déclarés responsables du journal

[1] Voyez ci-après l'ordonnance du roi du même jour, articles 1, 2, 3, et 7 et la loi du 17 mars 1822, article 1er.

[2] Les éditeurs responsables n'ont pas d'autre domicile que le bureau du journal ; c'est là qu'ils doivent être assignés. (*Cour royale de Paris*, 1820.)

ou écrit périodique, et des auteurs et rédacteurs des articles condamnés.

Art. 4. Les condamnations encourues devront être acquittées, et le cautionnement libéré ou complété dans les quinze jours de la notification de l'arrêt; les quinze jours révolus sans que la libération ou le complétement ait été opéré, et jusqu'à ce qu'il le soit, le journal ou écrit périodique cessera de paraître [1].

Art. 5. au moment de la publication de chaque feuille ou livraison du journal ou écrit périodique, il en sera remis, à la préfecture pour les chefs-lieux de département, à la sous-préfecture pour ceux d'arrondissement, et dans les autres villes, à la mairie, un exemplaire signé d'un propriétaire ou éditeur responsable.

Cette formalité ne pourra ni retarder ni suspendre le départ ou la distribution du journal ou écrit périodique [2].

Art. 6. Quiconque publiera un journal ou écrit périodique, sans avoir satisfait aux conditions prescrites par les articles 1er, 4 et 5 de la présente loi, sera puni correctionnellement d'un emprisonnement d'un mois à six mois, et d'une amende de 200 francs à 1200 francs.

Art. 7. Les éditeurs de tout journal ou écrit

[1] Voyez ci-après l'ordonnance du Roi, articles 5 et 6.

[2] Abrogé par la loi du 17 mars 1822, article 2.

périodique ne pourront rendre compte des séances secrètes des chambres, ou de l'une d'elles, sans leur autorisation.

Art. 8. Tout journal sera tenu d'insérer les publications officielles qui lui seront adressées, à cet effet, par le gouvernement, le lendemain du jour de l'envoi de ces pièces, sous la seule condition du paiement des frais d'insertion.

Art. 9. Les propriétaires ou éditeurs responsables d'un journal ou écrit périodique, ou auteurs ou rédacteurs d'articles imprimés dans ledit journal ou écrit, prévenus de crimes ou délits pour fait de publication, seront poursuivis et jugés dans les formes et suivant les distinctions prescrites à l'égard de toutes les autres publications.

Art. 10. En cas de condamnation, les mêmes peines leur seront appliquées : toutefois les amendes pourront être élevées au double, et, en cas de récidive, portées au quadruple, sans préjudice des peines de la récidive prononcées par le code pénal.

Art. 11. Les éditeurs du journal ou écrit périodique seront tenus d'insérer dans l'une des feuilles ou livraisons qui paraîtront dans le mois du jugement ou de l'arrêt intervenu contre eux, extrait contenant les motifs et le dispositif dudit jugement ou arrêt.

Art. 12. La contravention aux articles 7, 8 et 11 de la présente loi, sera punie correctionnellement d'une amende de 100 francs à 1000 francs.

Art. 13. Les poursuites auxquelles pourront donner lieu les contraventions aux articles 7, 8 et 11 de la présente loi, se prescriront par le laps de trois mois, à compter de la contravention ou de l'interrruption des poursuites, s'il y en a de commencées en temps utile.

## ORDONNANCE DU ROI

*Concernant l'exécution de la loi relative à la publication des journaux ou écrits périodiques.*

Paris, le 9 juin 1819.

Louis, par la grâce de Dieu, etc.

Art. 1er. L'éditeur ou propriétaire d'un journal ou écrit périodique, de la nature de ceux désignés par l'article 1er de la loi de ce jour, qui voudra fournir en rentes le cautionnement prescrit par la loi, déclarera à l'agent judiciaire du trésor royal qu'il affecte l'inscription dont il est propriétaire au cautionnement de son entreprise. L'acte de cautionnement sera fait double entre l'agent judicaire et le titulaire de l'inscription [1].

[1] Il n'est pas nécessaire que l'acte soit fait devant notaire, et aucun article ne l'assujettit à la formalité de l'enregistrement.

L'inscription donnée en cautionnement sera déposée à la caisse centrale du trésor royal. Les arrérages continueront à en être payés sur la représentation d'un bordereau délivré par l'agent judiciaire.

Lorsque le cautionnement sera fourni en inscription départementale, le directeur de l'enregistrement remplira, pour le département au livre auxiliaire duquel appartient la rente, les fonctions ci-dessus attribuées à l'agent judiciaire; l'inscription sera déposée à la caisse du receveur des domaines du chef-lieu.

Les mêmes formalités devront être remplies par tout propriétaire d'une rente qui déclarerait l'affecter au cautionnement de l'entreprise formée par un éditeur ou propriétaire du journal.

Art. 2. Toute inscription directe ou départementale, affectée à un cautionnement, devra être visé pour cautionnement, soit par le directeur du grand livre, soit par le receveur général, avant d'être présenté à l'agent judiciaire ou au directeur de l'enregistrement, à l'appui de la déclaration prescrite par l'article précédent.

Art. 3. Lorsque le cautionnement aura été, soit versé à la caisse des consignations, soit fourni en rentes, l'éditeur ou propriétaire fera, devant le préfet du département, où, à Paris, devant le préfet de police, la déclaration prescrite par le n° de l'art. 1er de la loi. Il représentera en même temps, soit le reçu de la caisse des consignations, soit l'acte constatant qu'il a fourni son cautionnement en rentes.

Le préfet donnera sur-le-champ acte de la déclaration, et de la justification du cautionnement.

La publication du journal ou de l'écrit périodique pourra commencer immédiatement après.

Art. 4. La remise au moment de la publication de chaque feuille ou livraison du journal ou écrit périodique, exigée par l'article 5 de la loi, sera faite, à Paris, à la Préfecture de police [1].

Art. 5. Sur le vu du jugement ou de l'arrêt qui, à défaut, par la partie condamnée, d'avoir acquitté le montant des condamnations contre elle prononcées dans le délai prescrit par l'article 4 de la loi, aurait ordonné la vente de l'inscription affectée au cautionnement, cette inscription sera vendue, jusqu'à concurrence, à la requête de la partie plaignante, ou, en cas d'amende, à celle du préposé de la régie de l'enregistrement, chargé de la perception des amendes.

[1] Abrogé par la loi du 17 mai 1822, article 2.

Cette vente sera opérée par les soins de l'agent judiciaire, le lendemain de la notification à lui faite du jugement ou de l'arrêt.

Les rentes départementales seront, dans le même cas, transmises par le directeur de l'enregistrement à l'agent judiciaire, lequel en fera faire immédiatement la vente, et en enverra le produit au directeur de l'enregistrement, en un mandat de la caisse centrale du trésor sur le receveur général. Il y joindra le bordereau de l'agent de change pour justification des frais de courtage.

Le prélèvement sur le capital résultant de la vente sera fait ainsi qu'il est dit à l'article 3 de la loi.

Art. 6. Le complétement ou le remplacement d'un cautionnement aura lieu dans les formes prescrites pour le cautionnement primitif.

Art. 7. Le propriétaire ou éditeur de journal ou écrit périodique qui voudra cesser son entreprise, en fera déclaration au préfet du département, ou, à Paris, au préfet de police. Le préfet lui donnera acte de ladite déclaration : sur le vu de cette pièce, et après un délai de trois mois, son cautionnement sera remboursé ou libéré, à moins que, par suite de condamnations ou de poursuites commencées, des oppositions n'aient été faites, soit à la caisse des consignations, soit entre les mains de l'agent judiciaire ou du directeur de l'enregistrement.

Art. 8. Il est accordé aux éditeurs ou propriétaires des journaux et écrits périodiques désignés par l'article 1er de la loi, actuellement existant, un délai de quinze jours pour accomplir les formalités prescrites par la loi de ce jour et par la présente ordonnance.

Art. 9. Notre garde-des-sceaux, ministre de la justice, nos ministres de l'intérieur et des finances, sont chargés, chacun, en ce qui les concerne, de l'exécution de la présente ordonnance qui sera insérée au *Bulletin des Lois*.

## LOI

### *Relative à la fixation du budjet des recettes de* 1819.

Du 17 juillet 1819.

Louis, par la grâce de Dieu, etc.

TITRE PREMIER.

*Divers droits et perceptions.*

Art. 2. Indépendamment du droit de timbre auquel les journaux sont assujettis par l'article 70 de la loi sur les finances du 28 avril 1816, il continuera d'être perçu un centime et demi par feuille sur ceux imprimés à Paris, et un demi-centime sur ceux imprimés dans les départemens.

## ORDONNANCE DU ROI

### *Concernant l'Imprimerie royale.*

Du 12 janvier 1820.

Louis, par la grâce de Dieu, etc.

Art. 3. . . . . . Il est permis à tous imprimeurs ou libraires d'imprimer et de débiter les lois et ordonnances du royaume, aussitôt après leur publication officielle au *Bulletin des Lois*.

## LOI

### *Sur la publication des journaux et écrits périodiques* [1].

Du 31 mars 1820.

Louis, par la grâce de Dieu, etc.

Art. 1er. La libre publication des journaux et écrits périodiques, consacrés en tout ou en partie aux nouvelles et aux matières politiques, paraissant soit à jour fixe, soit irrégulièrement et par livraisons, est suspendue temporairement jusqu'au terme ci-après fixé.

Art. 2. Aucun desdits journaux et écrits

[1] Cette loi qui devait cesser d'avoir son effet à la fin de la session de 1820, a été renouvelée par la loi du 26 juillet 1821, (voyez ci-après) qui elle-même a cessé d'exister; mais l'article 4 de la loi du 17 mars 1822 ayant décidé qu'elle pourrait, dans certains cas, être remise en vigueur, nous croyons devoir la rapporter ainsi que l'ordonnance du Roi, du 1er avril 1820.

périodiques ne pourra être publié qu'avec l'autorisation du Roi.

Toutefois, les journaux et écrits périodiques, actuellement existans, continueront de paraître, en se conformant aux dispositions de la présente loi.

Art. 3. L'autorisation exigée par l'article précédent ne pourra être accordée qu'à ceux qui justifieront s'être conformés aux conditions prescrites à l'article 1er de la loi du 9 juin 1819.

Art. 4. Avant la publication de toute feuille ou livraison, le manuscrit devra être soumis, par le propriétaire ou l'éditeur responsable, à un examen préalable.

Art. 5. Tout propriétaire ou éditeur responsable qui aurait fait imprimer et distribuer une feuille ou une livraison d'un journal ou écrit périodique sans l'avoir communiqué au censeur avant l'impression, ou qui aurait inséré dans une desdites feuille ou livraisons un article non communiqué ou non approuvé, sera puni correctionnellement d'un emprisonnement d'un mois à six mois, et d'une amende de 200 à 1,200 francs, sans préjudice des poursuites auxquelles pourrait donner lieu le contenu de ces feuilles, livraisons et articles.

Art. 6. Lorsqu'un propriétaire ou éditeur responsable sera poursuivi, en vertu de l'article précédent, le gouvernement pourra prononcer la suspension du journal ou écrit périodique jusqu'au jugement.

Art. 7. Sur le vu du jugement de condamnation, le gouvernement pourra prolonger pour un terme qui n'excédera pas six mois, la suspension dudit journal ou écrit périodique. En cas de récidive, il pourra en prononcer définitivement la suppression.

Art. 8. Nul dessin imprimé, gravé ou lithographié, ne pourra être publié, exposé, distribué ou mis en vente, sans l'autorisation préalable du gouvernement. Ceux qui contreviendraient à cette disposition, seront punis des peines portées en l'article 5 de la présente loi.

Art. 9. Les dispositions des lois du 17 mai, du 26 mai et du 9 juin 1819, auxquelles il n'est point dérogé par les articles ci-dessus, continueront à être exécutées.

Art. 10. La présente loi cessera de plein droit d'avoir son effet à la fin de la session de 1820.

## ORDONNANCE DU ROI,

*Concernant l'exécution de la loi du 31 mars 1820, relative à la publication des journaux et écrits périodiques.*

Du 1er avril 1820.

Louis, par la grâce de Dieu, etc.

## TITRE PREMIER.

### *De l'autorisation des journaux et écrits périodiques.*

Art. 1er. Dans les cinq jours qui suivront la publication de la présente ordonnance, les propriétaires ou éditeurs responsables des journaux et écrits périodiques actuellement existans, seront tenus de déclarer, à Paris, devant le Préfet de police, et dans les départemens, devant les préfets, qu'ils entendent se conformer aux dispositions de la loi du 31 mars 1820, et profiter, en conséquence, de l'autorisation qui leur est accordée par l'article 2 de ladite loi.

Art. 2. A l'avenir, toute personne qui voudra publier un nouveau journal, sera tenue, pour obtenir notre autorisation, de présenter sa demande à notre ministre secrétaire d'état au département de l'intérieur. Si la demande est admise, notre autorisation sera accordée au requérant sur la preuve qu'il a satisfait aux conditions prescrites en l'article premier de la loi du 9 juin 1819.

Art. 3. Le brevet d'autorisation, délivré par notre ministre secrétaire d'état de l'intérieur, sera enregistré, sans frais, au tribunal civil du lieu où le journal ou écrit périodique sera publié.

## TITRE II.

### *De la censure.*

Art. 4. Il y aura à Paris, auprès de notre ministre secrétaire d'état au département de l'intérieur, une commission chargée de l'examen préalable de tous les journaux et écrits périodiques.

Art. 5. Cette commission sera composée de douze censeurs : ils seront nommés par nous, sur la présentation de notre ministre secrétaire d'état de l'intérieur.

Art. 6. Tout article du journal ou écrit périodique devra, avant d'être imprimé, avoir été revêtu du visa de la commission, qui en autorisera la publication, conformément à l'article 5 de la loi du 31 mars 1820.

Art. 7. La commission ne pourra prononcer, s'il n'y a au moins cinq membres présens.

Art. 8. Dans chaque chef-lieu de département, il y aura, auprès du préfet, une commission de trois censeurs, chargés de l'examen préalable, des journaux et écrits périodiques qui seront publiés dans le département.

Art. 9. Un conseil de neuf magistrats, nommés par nous, sur la présentation de notre garde des sceaux, ministre secrétaire d'état au département de la justice, sera chargé de la surveillance de la censure.

Art. 10. La commission de censure de Paris rendra, une fois par semaine, un compte raisonné de ses décisions au conseil de surveillance. Les commissions des départemens lui rendront compte de leurs opérations au moins une fois par mois.

Art. 11. Quand il y aura lieu, en exécution de l'article 6 de la loi du 31 mars 1820, à la suspension provisoire d'un journal ou écrit périodique, elle sera prononcée par le conseil de surveillance, sous l'approbation de notre ministre secrétaire d'état au département de la justice. Il en sera de même, quand il y aura lieu, en exécution de l'article 7 de ladite loi, de prononcer la suspension ou la suppression d'un journal ou écrit périodique après jugement.

## TITRE III.

### *Des dessins, estampes et gravures.*

Art. 12. L'autorisation préalable exigée par l'article 8 de la loi du 31 mars 1820, pour la publication, exposition, distribution ou mise en vente de tout dessin ou estampe gravée ou lithographiée, qui, à l'avenir, sera déposé conformément à l'article 8 de notre ordonnance du 24 octobre 1814, sera accordée, s'il y a lieu, en même temps que le récépissé mentionné en l'article 9 de ladite ordonnance. Toute autorisation accordée sera insérée au journal de la librairie.

Art. 13. Notre ministre secrétaire d'état au département de l'intérieur, et notre garde des sceaux, ministre secrétaire d'état au département de la justice, sont chargés, chacun en ce qui le concerne, de l'exécution de la présente ordonnance.

## LOI

*Relative à la fixation du budget des recettes de 1820* [1].

Du 23 juillet 1820.

Louis, par la grâce de Dieu, etc.

### TITRE PREMIER.

*Divers droits et perceptions.*

Art. 5. Indépendamment du droit de timbre auquel les journaux sont assujettis par l'article 70 de la loi sur les finances, du 28 avril 1816, il continuera d'être perçu un centime et demi par feuille sur ceux qui sont imprimés à Paris, et un demi centime sur ceux qui sont imprimés dans les départemens.

[1] Voyez ci-après la loi du 31 juillet 1821.

## LOI

*Relative à la censure des journaux.*

Du 26 juillet 1821.

Louis, par la grâce de Dieu, etc.

Art. 1er. La loi du 31 mars 1820, relative à la publication des journaux et écrits périodiques, continuera d'avoir son effet jusqu'à la fin du troisième mois qui suivra l'ouverture de la session de 1821.

Art. 2. Les dispositions de la loi du 31 mars 1820, sauf en ce qui concerne le cautionnement, s'appliqueront, à l'avenir, à tous les journaux ou écrits périodiques, paraissant soit à jour fixe, soit irrégulièrement, ou par livraison, quels que soient leur titre et leur objet.

## LOI

*Relative à la fixation du budget des dépenses et des recettes de* 1821.

Du 31 juillet 1821.

Louis, par la grâce de Dieu, etc.

### TITRE II.

§ Ier.

*Divers droits et perceptions.*

Art. 6. Indépendamment du droit de timbre

auquel les journaux sont assujettis par l'article 70 de la loi sur les finances, du 28 avril 1816, il continuera d'être perçu un centime et demi par feuille sur ceux qui sont imprimés à Paris, et un demi centime sur ceux qui sont imprimés dans les départemens.

## LOI

### *Relative à la police des journaux et écrits périodiques.*

Du 17 mars 1822.

Louis, par la grâce de Dieu, etc.

Art. 1er. Nul journal ou écrit périodique, consacré en tout ou en partie aux nouvelles ou matières politiques[1], et paraissant soit régulièrement et à jour fixe, soit par livraison et irrégulièrement, ne pourra être établi et publié sans l'autorisation du roi.

Cette disposition n'est pas applicable aux journaux et écrits périodiques existant le 1er janvier 1822.

[1] La loi du 26 juillet 1821 soumettait à la censure tous les journaux *quels que fussent leur titre et leur objet*. On avait présenté, lors de la discussion à la chambre des députés, un amendement tendant à ce que cet article fût rédigé dans les mêmes termes, mais il fut retiré sur les explications que donna le rapporteur de la commission. Ainsi, les ouvrages périodiques qui traitent de politique sont les seuls aujourd'hui pour la publication desquels l'autorisation du Roi soit nécessaire.

Art. 2. Le premier exemplaire de chaque feuille ou livraison des écrits périodiques et journaux sera, à l'instant même de son tirage, remis et déposé au parquet du procureur du roi du lieu de l'impression [1]. Cette remise tiendra lieu de celle qui était prescrite par l'article 5 de la loi du 9 juin 1819.

Art. 3. Dans le cas où l'esprit d'un journal ou écrit périodique, résultant d'une succession d'articles, serait de nature à porter atteinte à la paix publique, au respect dû à la religion de l'état ou aux autres religions légalement reconnues en France, à l'autorité du roi, à la stabilité des institutions constitutionnelles, à l'inviolabilité des ventes des domaines nationaux et à la tranquille possession de ces biens, les cours royales dans le ressort desquelles ils seront établis, pourront, en audience solennelle de deux chambres, et après avoir entendu le procureur général et les parties, prononcer la suspension du journal ou écrit périodique pendant un temps qui ne pourra excéder un mois pour la première fois et trois mois pour la seconde. Après ces deux suspensions, et en cas de nouvelle récidive, la suppression définitive pourra être ordonnée.

[1] Il suffit que le dépôt ait été fait, sans qu'on soit obligé d'attendre le résultat qu'il peut avoir pour faire la distribution et mettre les numéros à la poste.

Art. 4. Si dans l'intervalle des sessions des chambres, des circonstances graves rendaient momentanément insuffisantes les mesures de garantie et de répression établies, les lois des 31 mars 1820 et 26 juillet 1821 pourront être remises immédiatement en vigueur, en vertu d'une ordonnance du Roi délibérée en conseil et contre-signée par trois ministres.

Cette disposition cessera de plein droit un mois après l'ouverture de la session des chambres, si, pendant ce délai, elle n'a pas été convertie en loi.

Elle cessera pareillement de plein droit le jour où serait publiée une ordonnance qui prononcerait la dissolution de la chambre des députés.

Art. 5. Les dispositions des lois antérieures auxquelles il n'est pas dérogé par la présente, continueront d'être exécutées.

## LOI

*Relative à la répression et à la poursuite des délits commis par la voie de la presse ou par tout autre moyen de publication.*

Du 25 mars 1822.

Louis, par la grâce de Dieu, etc.

## TITRE PREMIER.

### *De la répression.*

Art. 1er. Quiconque, par l'un des moyens énoncés en l'article 1er de la loi du 17 mai 1819, aura outragé ou tourné en dérision la religion de l'état, sera puni d'un emprisonnement de trois mois à cinq ans et d'une amende de 300 francs à 6,000 francs.

Les mêmes peines seront prononcées contre quiconque aura outragé ou tourné en dérision toute autre religion dont l'établissement est légalement reconnu en France.

Art. 2. Toute attaque, par l'un des mêmes moyens, contre la dignité royale, l'ordre de successibilité au trône, les droits que le Roi tient de sa naissance, ceux en vertu desquels il a donné la charte, son autorité constitutionnelle, l'inviolabilité de sa personne, les droits ou l'autorité des chambres, sera punie d'un emprisonnement de trois mois à cinq ans et d'une amende de 300 francs à 6,000 francs.

Art. 3. L'attaque, par l'un de ces moyens, des droits garantis par les articles 5 et 9 de la charte constitutionnelle, sera punie d'un emprisonnement d'un mois à trois ans et d'une amende de 100 francs à 4,000 francs [1].

[1] Art. 5. de la Charte. Chacun professe sa religion avec une

Art. 4. Quiconque par l'un des mêmes moyens, aura excité à la haine ou au mépris du gouvernement du Roi, sera puni d'un emprisonnement d'un mois à quatre ans et d'une amende de 150 francs à 5,000 francs.

La présente disposition ne peut pas porter atteinte au droit de discussion et de censure des actes des ministres.

Art. 5. La diffamation ou l'injure, par l'un des mêmes moyens, envers les cours, tribunaux, corps constitués, autorités ou administrations publiques, sera punie d'un emprisonnement de quinze jours à deux ans et d'une amende de 150 francs à 5,000 francs.

Art. 6. L'outrage fait publiquement, d'une manière quelconque, à raison de leurs fonctions ou de leur qualité, soit à un ou plusieurs membres de l'une des deux chambres, soit à un fonctionnaire public, soit enfin à un ministre de la religion de l'état ou de l'une des religions dont l'établissement est légalement reconnu en France, sera puni d'un emprisonnement de quinze jours à deux ans et d'une amende de 100 francs à 4,000 francs.

Le même délit envers un juré, à raison de

égale liberté, et obtient pour son culte la même protection.

Art. 9. Toutes les propriétés sont inviolables, sans aucune exception de celles qu'on appelle *nationales*, la loi ne mettant aucune différence entre elles.

ses fonctions, ou envers un témoin, à raison de sa déposition, sera puni d'un emprisonnement de dix jours à un an, et d'une amende de 50 francs à 3,000 francs.

L'outrage fait à un ministre de la religion de l'état, ou de l'une des religions légalement reconnues en France, dans l'exercice même de ses fonctions, sera puni des peines portées par l'article 1er de la présente loi.

Si l'outrage, dans les différens cas prévus par le présent article, a été accompagné d'excès ou violences prévus par le 1er paragraphe de l'article 228 du code pénal, il sera puni des peines portées audit paragraphe et à l'article 229, et, en outre, de l'amende portée au premier paragraphe du présent article.

Si l'outrage est accompagné des excès prévus par le second paragraphe de l'article 228 et par les articles 231, 232 et 233, le coupable sera puni conformément audit code.

Art. 7. L'infidélité et la mauvaise foi dans le compte que rendent les journaux et écrits périodiques des séances des chambres et des audiences des cours et tribunaux, seront punies d'une amende de 1,000 francs à 6,000 francs.

En cas de récidive, ou lorsque le compte rendu sera offensant pour l'une ou l'autre des chambres, ou pour l'un des pairs ou des députés, ou injurieux pour la cour, le tribunal, ou l'un des magistrats, des jurés ou des témoins, les éditeurs du journal seront, en outre, condamnés à un emprisonnement d'un mois à trois ans.

Dans les mêmes cas, il pourra être interdit, pour un temps limité ou pour toujours, aux propriétaires et éditeurs du journal ou écrit périodique condamné, de rendre compte des débats législatifs ou judiciaires. La violation de cette défense sera punie des peines doubles de celles portées au présent article.

Art. 8. Seront punis d'un emprisonnement de six jours à deux ans, et d'une amende de 16 francs à 4,000 francs, tous cris séditieux publiquement proférés.

Art. 9. Seront punis d'un emprisonnement de quinze jours à deux ans, et d'une amende de 100 francs à 4,000 francs :

1°. L'enlèvement ou la dégradation des signes publics [1] de l'autorité royale, opérés en haine ou mépris de cette autorité;

2°. Le port public de tous signes extérieurs [2] de ralliement non autorisés par le roi ou par des règlemens de police;

[1] Un membre de la chambre des députés avait proposé d'ajouter ici les mots suivans : *de la religion;* mais il retira son amendement sur l'observation qui lui fut faite que ce délit était prévu par l'article 257 du Code pénal.

[2] Cela s'entend d'un drapeau.

3°. L'exposition dans les lieux ou réunions publics, la distribution ou la mise en vente de tous signes ou symboles destinés à propager l'esprit de rébellion ou à troubler la paix publique.

Art. 10. Quiconque, par l'un des moyens énoncés en l'article 1er de la loi du 17 mai 1819, aura cherché à troubler la paix publique en excitant le mépris ou la haine des citoyens contre une ou plusieurs classes de personnes, sera puni des peines portées en l'article précédent [1].

Art. 11. Les propriétaires ou éditeurs de tout journal ou écrit périodique seront tenus

[1] Lors de la discussion à la Chambre des députés, un membre avait présenté un article additionnel ainsi conçu :

« La réimpression des ouvrages qui contiendraient quelques-« uns des délits énoncés dans les cinq premiers chapitres de la « loi du 17 mai 1819, donnera lieu à l'application des peines « portées dans la présente loi. »

Il l'a retiré par les motifs suivans :

L'article que j'ai eu l'honneur de vous présenter me paraissait une conséquence naturelle du projet de loi, mais les renseignemens qui m'ont été donnés par divers magistrats et divers jurisconsultes habiles m'ont convaincu que la réimpression des anciens ouvrages était soumise aux mêmes pénalités que l'impression des ouvrages nouveaux, s'ils renfermaient des choses répréhensibles prévues par les lois existantes. En effet, la réimpression est un fait nouveau, elle exige de la part de l'éditeur les mêmes formalités qui sont prescrites aux auteurs des productions nouvelles ; la loi sans doute n'a pas d'effet réd'y insérer, dans les trois jours de la réception, ou dans le plus prochain numéro, s'il n'en était pas publié avant l'expiration des trois jours, la réponse de toute personne nommée ou désignée dans le journal ou écrit périodique, sous peine d'une amende de 50 francs à 500 francs, sans préjudice des autres peines et dommages-intérêts auxquels l'article incriminé pourrait donner lieu. Cette insertion sera gratuite, et la réponse pourra avoir le double de la longueur de l'article auquel elle sera faite.

Art. 12. Toute publication, vente ou mise en vente, exposition, distribution, sans l'autorisation préalable du gouvernement, de dessins gravés ou lithographiés, sera, pour ce seul fait, punie d'un emprisonnement de trois jours à six mois, et d'une amende de 10 francs à 500 francs, sans préjudice des poursuites auxquelles pourrait donner lieu le sujet du dessin [1].

troactif, mais elle peut et doit évidemment être appliquée à tout ce qui paraît sous son empire.

. . . . . . . . . . . . . . . . . . . . . . . . . . . . . . . . . . . . . . . . . . . .

Convaincu, messieurs, que mon amendement ne serait qu'une répétition inutile dans la loi, je le retire de la discussion.

(*Voyez le Moniteur.*)

[1] Voyez ci-après l'ordonnance du Roi du 1er mai 1822.

Art. 13. L'article 10 de la loi du 9 juin 1819 est commun à toutes les dispositions du présent titre, en tant qu'elles s'appliquent aux propriétaires ou éditeurs d'un journal ou écrit périodique.

Art. 14. Dans le cas de délits correctionnels prévus par les 1er, 2e et 4e paragraphes de l'article 6, par l'article 8 et par le premier paragraphe de l'article 9 de la présente loi, les tribunaux pourront appliquer, s'il y a lieu, l'article 463 du code pénal [1].

## TITRE II.

### *De la poursuite.*

Art. 15. Dans le cas d'offense envers les chambres ou l'une d'elles, par l'un des moyens énoncés en la loi du 17 mai 1819, la chambre offensée, sur la simple réclamation d'un de ses membres, pourra, si mieux elle n'aime autoriser les poursuites par la voie ordinaire,

[1] Voyez la note sur l'art. 14 de la loi du 26 mai 1819.

Larticle 463 du code pénal est ainsi conçu :

« Dans tous les cas où la peine d'emprisonnement est portée par le présent code, si le préjudice causé n'excède pas vingt-cinq francs, et si les circonstances paraissent atténuantes, les tribunaux sont autorisés à réduire l'emprisonnement, même au-dessous de 6 jours, et l'amende même au-dessous de 16 francs. Ils pourront aussi prononcer séparément l'une ou l'autre de ces peines, sans, qu'en aucun cas, elle puisse être au-dessous des peines de simple police.

ordonner que le prévenu sera traduit à sa barre. Après qu'il aura été entendu ou dûment appelé, elle le condamnera, s'il y a lieu, aux peines portées par les lois. La décision sera exécutée sur l'ordre du président de la chambre.

Art. 16. Les chambres appliqueront elles-mêmes, conformément à l'article précédent, les dispositions de l'article 7 relatives au compte rendu par les journaux de leurs séances.

Les dispositions du même article 7 relatives au compte rendu des audiences des cours et tribunaux, seront appliquées diréctement par les cours et tribunaux qui auront tenus ces audiences.

Art. 17. Seront poursuivis devant la police correctionnelle et d'office, les délits commis par la voie de la presse, et les autres délits énoncés en la présente loi et dans celle du 17 mai 1819, sauf les cas prévus par les articles 15 et 16 ci-dessus. Néanmoins la poursuite n'aura lieu d'office, dans le cas prévu par l'article 12 de la loi du 17 mai 1819, et dans celui de diffamation ou d'injure contre tout agent diplomatique étranger, accrédité près du roi, ou contre tout particulier, que sur la plainte ou à la requête soit du souverain ou du chef du gouvernement qui se croira offensé, soit de l'agent diplomatique ou du particulier qui se croira diffamé ou injurié [1].

[1] Nous regrettons que, dans cette loi destinée à compléter la législation sur la presse, on ait laissé subsister la même lacune que dans les précédentes, relativement *à la diffamation et à l'injure faites à la mémoire d'une personne décédée*.

Dans l'état actuel de la législation, peut-on exercer des poursuites pour un semblable délit, et à qui appartient l'action?

La question s'est présentée devant la cour d'assises de Paris; madame la maréchale Brune ayant porté plainte contre M. Martinville, rédacteur du *Drapeau blanc*, pour diffamation envers la mémoire de son mari, M. Martinville opposa, devant la chambre d'accusation, une fin de non recevoir fondée sur ce que la loi n'accordait aucune action lorsque la diffamation ne portait que contre *la mémoire des individus*. La cour royale, sans s'arrêter à ce moyen, renvoya l'affaire devant la cour d'assises, mais l'accusé fut déclaré non coupable par le jury.

Rien n'a donc encore été décidé.

Les bornes de cette note ne nous permettant pas d'entrer dans tous les développemens qu'exigerait cette question, nous nous contenterons de faire connaître notre opinion en peu de mots.

Il nous paraît impossible d'admettre, comme l'a soutenu M. Martinville, que toute action doive être déniée dans le cas d'injure envers la mémoire d'un défunt.

Nos lois, il est vrai, gardent le silence sur ce point, et l'article 4 du code pénal porte :

« *Nulle contravention, nul délit, nul crime* ne peuvent être punis de peines qui n'étaient pas prononcées par la loi avant qu'ils fussent commis. »

Mais cet article ne nous paraît point applicable, car la diffamation et l'injure sont des délits prévus et réprimés par nos

Les appels des jugemens rendus par les tribunaux correctionnels sur les délits commis

lois, et, pour avoir eu lieu envers des individus décédés, elles n'ont point cessé d'être des délits.

L'honneur des morts n'est pas moins sacré que celui des vivants. Le législateur a rendu hommage à ce principe, lorsqu'il a accordé une réparation à la *mémoire* de l'innocent injustement condamné. (Art. 447 du code d'intruction criminelle.) Il veut qu'*elle soit déchargée de l'accusation*. Il ne peut donc permettre qu'une mémoire intacte soit flétrie par la diffamation.

La violation des tombeaux et des sépultures est un délit prévu par le code pénal. Les lois romaines plaçaient sur la même ligne la diffamation envers la mémoire du défunt. En effet, si la loi doit préserver les morts de toute insulte, elle doit surtout les protéger contre la calomnie, seul délit qui puisse encore les atteindre, parce qu'il s'attaque à leur réputation qui leur survit.

D'ailleurs, la calomnie dirigée contre la mémoire du défunt fait tort à sa famille. L'infamie du père rejaillit jusqu'à un certain point sur ses enfans, nuit à leur établissement et s'oppose à leurs succès dans le monde. Ils ont donc intérêt, et conséquemment droit à la réparation du mal, à la répression du délit commis directement contre la mémoire de leur père, et indirectement contre eux.

Nous pensons donc que l'action est admissible; mais, par qui sera-t-elle exercée?

A Rome, elle l'était par l'héritier : *hæredes bonorum, ut possessores exstitimus, injuriarum nostro nomine habemus actionem ; spectat enim ad existimationem nostram, si qua ei fiat injuria.* Dig. *de injuriis et famosis libellis.* Loi I^re^, § 4.

Doit-il en être de même chez nous?

D'abord, si une personne qui a été diffamée a porté plainte et est décédée avant que le tribunal ait prononcé, point de doute que l'action ne passe à son héritier, d'après la règle *actiones semel in judicio inclusæ salvæ manent.* Mais ce n'est

par des écrits imprimés par un procédé quelconque, seront portés directement, sans dis-

point la question que nous traitons, nous nous occupons du cas où l'injure a eu lieu postérieurement au décès.

Nous pensons qu'alors l'action doit appartenir à l'héritier du sang. En effet, il est uni au défunt par les liens les plus étroits de parenté et d'affection présumée. Personne n'a plus intérêt à la répression du délit.

L'action doit lui appartenir, suivant nous, même dans le cas de renonciation à la succession du défunt, ou de disposition par ce dernier; car ce n'est point du chef du défunt, et par suite d'une transmission, que l'héritier peut exercer une action de cette nature; c'est en son propre nom; c'est parce qu'il est personnellement intéressé à ce que la mémoire de son auteur ne soit point couverte d'infamie. D'après ces motifs, qui sont contenus dans la loi romaine, les meilleurs commentateurs décidaient que le fils qui avait répudié la succession de son père, pouvait néanmoins exercer l'action dont il s'agit. (Voet, liv. 47, Tit. X, n° 5.)

Tel est le système qui nous paraît encore devoir être suivi parmi nous.

Quelques personnes ont pensé que l'action devait être donnée à celui qui porte le même nom que le défunt. Sans doute dans l'opinion de ces personnes, il ne suffirait pas de porter son nom, il faudrait encore prouver que l'on est parent du défunt. Mais si le droit est fondé sur la parenté, n'est-il pas plus naturel et plus régulier d'en suivre l'ordre et de s'arrêter au degré le plus proche. Lorsque le parent le plus proche et, par-conséquent, le plus intéressé à la répression du délit n'a pas jugé à propos d'exercer des poursuites, il faut présumer qu'il n'y avait pas lieu d'en exercer.

Si l'on veut attribuer le droit à d'autres qu'à l'héritier immédiat, à quel degré s'arrêtera-t-on? Pourrais-je exercer des poursuites pour diffamation envers un de mes ancêtres décédé il y a plusieurs siècles? Ce serait arracher le burin de la main

tinction de la situation locale desdits tribunaux, aux cours royales pour y être jugés par la première chambre civile et la chambre correctionnelle réunies, dérogeant, quant à ce, aux articles 200 et 201 du code d'instruction criminelle.

Les appels des jugemens, rendus par les mêmes tribunaux sur tous les autres délits prévus par la présente loi et par celle du 17 mai 1819, seront jugés dans la forme ordinaire, fixée par le code pour les délits correctionnels.

Art. 18. En aucun cas la preuve par témoins ne sera admise pour établir la réalité des faits injurieux ou diffamatoires [1].

de l'historien, ou du moins lui imposer l'obligation de ne pas être impartial. Lorsqu'une génération a passé sur la cendre des morts, la postérité, qui commence réellement pour eux, s'occupe exclusivement de ceux qui ont joué un grand rôle sur la scène du monde, ils appartiennent à l'histoire. Les écrits d'un auteur tombent, après un certain laps de temps, dans le domaine public; il doit nécessairement en être de même de la mémoire des hommes.

Il faut donc, selon nous, suivre la règle établie par les lois romaines.

A l'égard de la veuve, nous ne pensons point que de son chef elle ait une action; si elle exerce des poursuites, ce ne peut être qu'au nom de ses enfans mineurs et en qualité de leur tutrice.

[1] Voyez la note sur l'article 20 de la loi du 26 mai 1819.

## ORDONNANCE DU ROI

*Contenant des dispositions relatives à la publication de tous dessins gravés ou lithographiés.*

Du 1er mai 1822.

Louis, par la grâce de Dieu, etc.

Vu l'article 12 de la loi du 25 mars 1822, qui interdit la publication, vente ou mise en vente, exposition ou distribution de tous dessins gravés ou lithographiés sans l'autorisation préalable du gouvernement;

Voulant pourvoir à l'exécution de cet article, de manière à assurer la répression de toute contravention;

Sur le rapport de notre ministre secrétaire d'état au département de l'intérieur;

Nous avons ordonné et ordonnons ce qui suit.

Art. 1er. Dans le cas prévu par l'art. 12 de la loi du 25 mars 1822, l'autorisation du gouvernement sera délivrée, à Paris, au bureau de la librairie, et, dans les départemens, au secrétariat de chaque préfecture, en exécution de la loi du 21 octobre 1814 et de notre ordonnance du 24 du même mois. Cette autorisation contiendra la désignation sommaire du dessin gravé ou lithographié, et du titre qui lui aura été donné.

Elle sera inscrite sur une épreuve qui demeurera au pouvoir de l'auteur ou de l'éditeur, et qu'il sera tenu de représenter à toute réquisition.

L'auteur ou l'éditeur, en recevant l'autorisation, déposera au bureau de la librairie, ou au secrétariat de la préfecture, une épreuve destinée à servir de pièce de comparaison ; il certifiera, par une déclaration inscrite sur cette épreuve, sa conformité avec le reste de l'édition pour laquelle l'autorisation lui sera accordée.

Art. 2. A l'égard des dessins gravés ou lithographiés qui ont paru avant la publication de la présente ordonnance, il est accordé un délai d'un mois pour se pourvoir de la même autorisation.

Art. 3. Notre ministre secrétaire d'état au département de l'intérieur est chargé de l'exécution de la présente ordonnance.

*********

# EXPOSÉ DES MOTIFS

*De la loi du 17 mai 1819, sur la répression des crimes et délits commis par la voie de la presse, ou par tout autre moyen de publication;*

*De celle du 26 du même mois, relative à la poursuite et au jugement des crimes et délits commis par la voie de la presse, ou par tout autre moyen de publication;*

*Et de celle du 9 juin de la même année, relative à la publication des journaux ou écrits périodiques;*

*Par M. de Serre, garde-des-sceaux, ministre secrétaire d'état au département de justice.*

Séance de la chambre des députés, du 22 mars 1819[1].

Messieurs, le roi nous a chargés de vous présenter trois projets de loi sur la répression des crimes et délits commis par la voie de la presse ou tout autre moyen de publication.

Le premier de ces projets contient les dispositions pénales;

Le second règle le mode de procédure et de jugement qui doit être suivi pour la poursuite et la répression de ces crimes ou délits;

Le troisième est relatif aux journaux et écrits périodiques qui, affranchis désormais de toute cen-

[1] Voyez le Moniteur du 23 mars 1819.

sure préalable, paraissent exiger quelques dispositions particulières.

### *Loi pénale.*

Le premier projet intitulé : *Des crimes et délits commis par la voie de la presse ou tout autre moyen de publication*, repose sur un principe fort simple, ou plutôt sur un fait; c'est que la presse dont on peut se servir comme d'un instrument, pour commettre un crime ou un délit, ne donne lieu cependant à la création ni à la définition d'aucun crime ou délit particulier et nouveau. De même, en effet, que l'invention de la poudre a fourni aux hommes de nouveaux moyens de commettre le meurtre, sans créer, pour cela, un crime nouveau à inscrire dans les lois pénales, de même l'invention de l'imprimerie n'a rien fait de plus que leur procurer un nouvel instrument de sédition, de diffamation, d'injure et d'autres délits de tout temps connus et réprimés par les lois. Ce qui rend une action punissable : c'est l'intention de son auteur et le mal qu'il a fait ou voulu faire à un individu ou à la société; qu'importe que, pour accomplir cette intention et causer ce mal, il ait employé tel ou tel moyen? la prévoyance des lois pénales atteindrait le crime, quand même l'instrument mis en usage par le coupable aurait été jusqu'alors complètement ignoré.

De ce fait qui est évident par lui-même découle une conséquence également évidente, c'est qu'il n'y a pas lieu à instituer, pour la presse, une législation pénale distincte : le code pénal contient l'énumération et la définition de tous les actes reconnus nuisibles à la société, et partant punissables; que l'un de ces actes ait été commis ou tenté par la voie de la presse, l'auteur doit être puni, à raison du fait ou de la tentative, sans que la nature de l'instrument qu'il a employé soit, pour lui ni contre lui, d'aucune considération. En d'autres termes, il n'y a point de délits particuliers de la presse; mais quiconque fait usage de la presse est responsable, selon la loi commune, de tous les actes auxquels elle peut s'appliquer.

Par-là, Messieurs, disparaît cette difficulté qui a si souvent embarrassé les législateurs et les publicistes, savoir la définition de prétendus délits spéciaux, appelés délits de la presse. Ces délits ne sont autres que ceux dont la définition se trouve dans les lois pénales ordinaires qui prévoient et incriminent tous les actes nuisibles, sans s'inquiéter du moyen auquel le coupable a eu recours. Par-là est démontrée en même temps l'inutilité de cette pénalité d'exception dans laquelle on a cherché long-temps un remède contre les abus de la liberté de la presse, et qui n'a produit que des lois tantôt oppressives, tantôt impuissantes. La presse rentre, comme tout autre instrument d'action, dans le droit commun, et, en y rentrant, elle n'obtient aucune faveur qui lui soit propre, elle ne rencontre aucune hostilité qui lui soit particulière.

Ramenée ainsi dans le domaine de la législation générale, la question devient simple et le projet de loi s'explique, en quelque sorte, de lui-même. De quoi s'agit-il en effet? Ce n'est plus de dresser l'inventaire de toutes les pensées humaines pour rechercher et déclarer d'avance lesquelles, en se manifestant, seront réputées coupables. Il s'agit uniquement de recueillir, dans les lois pénales, les actes déjà incriminés auxquels la presse peut servir d'instrument et d'appliquer à ces actes, lorsqu'ils auront été commis ou tentés par cette voie, la pénalité qui leur convient. Et comme la presse n'est pas le seul instrument par lequel de tels actes puissent avoir lieu, elle ne sera pas même, sous ce point de vue, l'objet d'une législation particulière; on lui assimilera tous les autres moyens de publication par lesquels un homme peut agir sur l'esprit des hommes, car ici encore c'est dans le fait de la publication et non dans le moyen que réside le délit.

Ainsi deux principes sont le fondement et comme le point de départ du projet de loi : par l'un, la presse est considérée, non comme la source d'un genre de délits particuliers, mais comme un instrument de délits prévus par le droit commun; par l'autre, tous les moyens de publication sont assimilés à la presse comme pouvant également servir à des intentions coupables et produire des résultats dangereux.

Quels sont maintenant les crimes et les délits

dont la presse, ou tout autre moyen de publication, peut devenir l'instrument?

Il nous a paru qu'ils étaient tous renfermés et classés convenablement dans les quatre chapitres dont se compose le projet de loi, savoir: 1° *la provocation publique aux crimes ou délits;* 2° *les offenses publiques envers la personne du Roi;* 3°. *les outrages à la morale publique et aux bonnes mœurs;* 4° *la diffamation et l'injure publiques.* Nous allons exposer en peu de mots les motifs des dispositions qu'ils contiennent.

1° Lorsqu'une action a été déclarée crime ou délit par les lois communes, il ne saurait être permis d'exciter les citoyens à la commettre. On peut contester la justice ou la convenance d'une loi pénale, comme de toute autre loi; on peut en solliciter le changement, mais on ne peut pas, on ne doit pas pouvoir provoquer les citoyens à désobéir aux lois existantes. La provocation publique à un acte quelconque légalement incriminé est donc par elle-même punissable.

Si le crime ou le délit auquel il a été provoqué par la voie soit de la presse, soit de tout autre moyen de publication, a été réellement commis ou tenté concurremment avec cette publication ou par son effet, la provocation constitue la complicité.

Si la provocation n'a été suivie d'aucun résultat, elle n'est plus qu'une tentative de crime ou de délit qu'il faut réprimer et punir selon la gravité du crime ou du délit qu'elle avait pour but.

Une telle provocation, bien qu'elle soit demeurée stérile, offre en effet les deux caractères auxquels les lois reconnaissent la tentative : d'une part elle manifeste l'intention de produire le crime ou le délit; de l'autre, si cette intention ne s'est pas accomplie, ce n'est point par le fait, c'est même contre le gré du provocateur, car, en effectuant la publication où la provocation est contenue, il a consommé la tentative autant qu'il était en son pouvoir.

Les articles 1, 2 et 3 du projet de loi sont le résumé de ces principes.

On eût pu croire qu'il n'était pas nécessaire d'aller plus loin ; il semble en effet qu'après avoir déclaré punissable toute provocation à tout crime ou délit prévu par les lois, il ne reste plus rien à faire. La question unique sera toujours de savoir si la publication inculpée contient réellement provocation à tel ou tel acte légalement incriminé, et en soumettant cette question à des jurés qui tiendront compte, en l'examinant, des circonstances au milieu desquelles la publication a été opérée, telles que les lieux, les temps, l'état des affaires, la disposition des esprits et tous les élémens variables dont le caractère de provocation peut dépendre, le législateur paraît avoir rempli sa tâche et pleinement satisfait aux besoins de l'ordre social.

Cependant beaucoup d'hommes éclairés, et amis sincères de la liberté de la presse, ont pensé que, précisément à cause de cette influence des circonstances sur le caractère des publications opérées par le moyen de la presse ou par toute autre voie, il était impossible la méconnaître qu'il était des actes que dans tous les temps la loi devait spécialement qualifier de provocation, parce que toujours ils en produiraient les effets; que cette qualification n'était plus nécessaire maintenant, après les événemens qui ont eu lieu, et dans la situation politique et morale où se trouve la France; que sans doute la jurisprudence déduirait, dans l'occasion, les mêmes qualifications du principe de la provocation posé dans la loi; mais que les déductions de la jurisprudence ne frappaient point à l'avance tous les yeux, comme le font les qualifications précises du législateur, et qu'enfin il était du devoir de ce dernier de ne pas laisser à la jurisprudence, sur des points importans, le pretexte même de l'incertitude. Ainsi, le projet de loi décide qu'on ne saurait mettre en question en aucune manière l'ordre de successibilité au trône, l'autorité constitutionelle du roi et des chambres, la liberté des cultes, l'inviolabilité des biens nationaux, sans se rendre réellement coupable d'une provocation au crime ou au délit.

Telle est la substance des articles 4 et 5 du projet de loi.

2°. L'article 7 [1] n'a pas besoin de commentaire.

Si, en vertu du principe de l'inviolabilité, la personne du roi est en quelque sorte élevée au-dessus de la toute-puissance des lois, à combien

[1] Art. 8 de la loi.

plus juste titre doit-elle être placée hors des atteintes de la témérité du sujet. Quand le respect dû à la majesté suprême est méconnu, on peut dire que la société est ébranlée tout entière dans un de ses plus fermes appuis.

3° L'article 8[1] dérive d'un principe analogue. Après les longs bouleversemens qui ont agité, non-seulement l'ordre politique, mais l'ordre moral sur lequel repose l'existence même de la société, quand le besoin de rétablir les principes moraux sur leurs fondemens, est universellement senti et proclamé, c'est un devoir du législateur de prêter son appui à cette nécessité des temps; et lorsqu'en imposant le respect pour la morale publique, il confie aux citoyens eux-mêmes, remplissant les fonctions de jurés, le soin de décider, si cette injonction a été violée, certes, Messieurs, il ne saurait être taxé ni d'affecter une sévérité excessive, ni de rechercher un pouvoir arbitraire.

4° Les dispositions du chapitre 4, concernant la diffamation et l'injure publiques, s'expliquent et se justifient par le seul énoncé. Il nous a paru nécessaire d'énumérer séparément les divers cas de diffamation ou d'injure en les distinguant d'après les personnes qui peuvent être l'objet de ces délits, soit pour offrir aux juges, en cette matière, des dispositions nettes et spéciales, soit parce que la diffamation et l'injure ont, en effet, plus ou moins de gravité selon le dommage plus ou moins grand qu'elles peuvent causer à la société ou à la personne attaquée. Un seul point dans ce chapitre nous pa-

[1] Art. 9 de la loi.

raît exiger quelques observations particulières, c'est la substitution du mot *diffamation* au mot *calomnie*, jusqu'ici employé par nos lois. Les motifs qui nous y ont déterminés sont simples. Le terme de *calomnie* dans son sens vulgaire qu'il est impossible d'effacer de l'esprit des hommes, emporte avec soi l'idée de la fausseté des faits imputés. Une publication n'est donc réellement calomnieuse que lorsque les faits qu'elle contient sont faux.

Cependant tous les législateurs ont senti qu'il était impossible d'autoriser tout individu à publier, sur le compte d'un autre, des faits dont la publication causerait à ce dernier un dommage réel, fussent-ils d'ailleurs vrais. Pour remédier à cet inconvénient, ils ont attribué au mot *calomnie* un sens légal, autre que son sens naturel et vulgaire, en déclarant que quiconque ne pourrait fournir par actes authentiques, la preuve légale des faits par lui attribués à autrui, serait réputé calomniateur; mais comme en attribuant aux mots un certain sens, on ne change pas celui qu'ils ont réellement dans le langage, il est souvent résulté de là, entre la loi et l'opinion, entre le droit et le fait une discordance fâcheuse. La substitution du mot *diffamation* au mot *calomnie*, fait disparaître, du moins en partie cet embarras. La diffamation n'implique pas nécessairement la fausseté des faits; elle dénote seulement d'une part l'intention de nuire, et de l'autre le dommage causé. Ainsi aux termes de la définition contenue dans l'article 9[1]

[1] Art. 13 de la loi.

une publication, qu'il y aurait une sorte de contre-sens à déclarer calomnieuse, pourra fort bien et très-justement être condamnée comme diffamation.

Tels sont, Messieurs, les principes fondamentaux et les motifs des dispositions essentielles du premier projet de loi. Il se termine par l'abrogation des divers articles du Code pénal et de la loi du 9 novembre 1815.

*Poursuite et jugement.*

Messieurs, quelque soin qu'apporte la loi pénale, soit à protéger les intérêts publics et privés, en réprimant la licence des publications, soit à préserver la libre manifestation de la pensée contre l'abus de la répression, elle ne saurait atteindre ce double but qu'autant qu'une autre loi, dictée par le même esprit, offrira à tous sûreté dans la poursuite, impartialité dans le jugement.

Il faut même le reconnaître; c'est surtout dans cette dernière loi que l'ordre et la liberté, inséparables intérêts, doivent trouver leurs plus fermes garanties. Les dispositions pénales les plus imparfaites sont, à un certain point, corrigées dans leurs effets par la franchise de la procédure, l'indépendance du jugement; les meilleures seraient vaines sans ces deux conditions.

Ces vérités évidentes donnent une haute importance à tous les articles du second projet que nous vous présentons.

Un premier point est à régler : par qui et sous quelles conditions s'exercera la poursuite?

Toutes les fois qu'il s'agit de provocation au crime ou au délit, d'offense à la personne sacrée du Roi ou aux membres de son auguste famille, d'outrages à la morale publique ou aux bonnes mœurs, comme c'est alors la société qui est attaquée, le ministère public doit agir d'office, sans autre direction que celle de ses supérieurs hiérarchiques.

Dans les autres cas, l'intérêt de la liberté a paru commander des modifications.

1° Quant à la répression des attaques dirigées contre les chambres, il est nécessaire de prévoir, l'ascendant qu'une majorité devenue constante, exercera sur le gouvernement et par-là sur l'action du ministère public. Dans la meilleure direction, cette majorité aurait encore besoin du contrôle de l'opinion et d'une presse libre. Mais ce contrôle, toujours plus ou moins incommode aux pouvoirs, paraîtrait d'autant plus insupportable à cette majorité, qu'elle s'égarerait davantage, et entraînerait avec elle le gouvernement plus loin de l'intérêt et du vœu général. Dans une telle situation, cette majorité pourrait être tentée de devenir oppressive, d'imposer silence à une salutaire opposition. Il faut alors qu'une délibération solennelle de la chambre qui se croit offensée précède la poursuite ; il faut que la minorité de la chambre puisse être entendue dans la discussion, il faut que l'opinion avertie, puisse se prononcer. Avec cette garantie, il sera bien difficile que la poursuite ait lieu autrement que dans des cas suffisamment graves; il sera impossible d'en abuser contre la liberté.

Il est d'ailleurs de la dignité des chambres qu'elles ne puissent, elles présentes, être traduites en jugement, car tout procès intenté dans l'intérêt d'un pouvoir, l'y traduit plus ou moins lui-même; il est de leur dignité qu'elles ne puissent être compromises dans une lutte judiciaire que de leur consentement.

Si, dans leur propre cause, elles s'étaient trompées, les verdicts des jurés, c'est-à-dire un nouvel organe de l'opinion prise à sa source, les en avertirait elles et le gouvernement.

2° C'est également aux cours, aux tribunaux et autres corps constitués à reconnaître ce que, dans chaque circonstance, leur commande l'intérêt de leur dignité ou de leur considération. La publicité, cette première garantie de la justice des jugemens comme de tous les actes des pouvoirs, serait vaine si les actes des cours et des tribunaux, si ceux des autres corps constitués ne pouvaient être librement examinés. Et ce libre examen serait compromis par des poursuites trop légèrement entreprises.

3° Enfin le ministère public ne peut être autorisé à poursuivre la réparation de l'injure faite à un fonctionnaire, à un particulier, qu'autant que l'un ou l'autre porte plainte. Nul, sans son consentement, ne doit être engagé dans des débats où la justice même et le triomphe ne sont pas toujours exempts d'inconvéniens; et si le maintien de la paix publique semble demander qu'aucun délit ne reste impuni, cette même paix gagne aussi à ce qu'on laisse se guérir d'elles-mêmes des blessures qui s'enveniment dès qu'on les touche.

Ce n'est pas à dire cependant qu'il suffise de la plainte d'une partie pour déterminer l'action publique. Toutes les fois que le délit de diffamation ou d'injure est plutôt une atteinte à l'intérêt privé qu'à celui de la société, et c'est presque toujours le cas, la partie publique laisse à la partie civile le soin d'obtenir elle-même réparation.

La plainte portée, la loi doit décider la question de savoir si l'ouvrage qu'elle accuse pourra ou non être saisi avant le jugement. Les opinions se partagent sur cette question.

On combat la saisie comme contraire au principe de la publicité, principe d'après lequel chacun doit être mis à même d'apprécier le jugement que le jury portera de l'ouvrage incriminé. On la combat comme inutile, puisque la publicité du débat judiciaire, les journaux qui le répètent, propagent le scandale que la saisie avait pour objet d'éviter. On la combat comme injuste, puisqu'elle est un dommage, une sorte de peine anticipée que trop souvent l'acquittement ne répare qu'imparfaitement.

On soutient au contraire la saisie comme une conséquence naturelle de la poursuite commune à tous les délits. La raison ne commande-t-elle pas, en effet, de saisir les instrumens, d'arrêter les suites du délit dont on poursuit la répression?

Sans doute la saisie ne doit et ne peut intervenir qu'après la publication, parce que c'est dans la publication seule que consiste le délit, et qu'on ne peut poursuivre et saisir qu'après le délit. Mais lorsqu'un écrit, par exemple, est poursuivi comme provoquant au crime, comme outrageant les mœurs, comme diffamant ce qu'il y a de plus respectable et de plus sacré, est-il nécessaire, est-il moral, est-il sensé même que le magistrat contemple, immobile et désarmé, le progrès du mal et la propagation du scandale? La publicité de l'examen et du jugement ne suffira-t-elle pas pour que l'opinion prononce entre l'ouvrage, son accusateur et ses juges? Et remarquez que cette publicité judiciaire n'a pas, comme on l'objecte, les dangers de la publication elle-même, parce que les attaques coupables ne sont reproduites au grand jour que pour y être repoussées et condamnées. Quant au dommage qui peut résulter d'une injuste poursuite, il est commun à tous les prévenus et à tous les délits. Ce mal trop réel est inséparable de la justice elle-même.

Après avoir balancé ces deux systèmes, les ministres du roi se sont décidés à vous proposer la saisie avant le jugement. Les raisons de ce dernier système nous paraissent surtout mieux fondées dans nos mœurs ; et en y réfléchissant, les amis les plus éclairés de la liberté de la presse penseront peut-être que, dans son intérêt même, il importe de rassurer par de telles précautions cette portion aussi nombreuse qu'estimable de la société qu'effraient encore parmi nous le mouvement actuel de cette liberté, ses excès, et de trop affligeans souvenirs.

Cependant cette partie de notre législation recevra une importante amélioration. La saisie ne se fera plus après le dépôt seulement; elle ne précédera plus la publication, elle ne pourra que la suivre; et le public, qui connaîtra l'ouvrage, pourra, dans son principe même, juger l'action intentée.

Vous verrez au surplus, Messieurs, que le projet de loi prend toutes les précautions pour empêcher qu'en aucun cas il puisse être abusé de la mesure dont il s'agit, et ces précautions ne seront jamais illusoires; c'est une assurance que vous donne encore le projet, en déclarant que l'action publique elle-même périt, si, dans un délai très-court, il n'est statué sur la saisie.

Le réglement de la compétence présente de sérieuses difficultés. Sera-ce seulement au lieu où l'ouvrage, où le journal a été imprimé, déposé, publié que la poursuite sera intentée? Sera-ce au contraire partout où l'ouvrage, où le journal a pu parvenir que l'auteur, l'éditeur, le journaliste seront tenus de comparaître? Le projet de loi a cherché pour ces questions la solution qui a paru concilier le mieux tous les intérêts.

Si le dépôt a été opéré, la partie publique ne pourra introduire sa poursuite que devant le juge du lieu du dépôt.

Dans le cas où c'est la partie civile qui poursuit elle-même, elle pourra, supposé que la publication ait été opérée dans les lieux qu'elle habite, y poursuivre les auteurs de cette publication.

La question de savoir par qui seront jugés les délits dont vous allez régler la poursuite est bien plus grave encore, mais elle est aussi, nous le croyons du moins, de toutes la plus éclaircie. Tout a été dit et bien dit pour et contre à cette tribune. Le ministère en vous proposant le jury ne cède pas moins à sa propre conviction qu'à l'opinion publique, et croit servir la liberté de la presse autant que favoriser la répression de ses abus. Il est convaincu que le jury est désormais le seul protecteur efficace des intérêts que pourrait menacer la licence des publications. Il va plus loin, il a la confiance que le jury rassurera les plus timides par la juste sévérité de ses décisions.

Toutefois, bien que le jury soit en cette matière le meilleur instrument à nos yeux, il est sage et surtout en commençant à étendre des attributions fatigantes et pénibles pour les citoyens qui y sont appelés, de le faire avec mesure et sobriété, et dans le cas seulement où son intervention ne saurait être remplacée.

Ainsi ces questions : telle publication provoque-t-elle au crime ou au délit? outrage-t-elle la morale publique ou les bonnes mœurs? telle imputation est-elle offensante ou diffamatoire? Ces questions, disons-nous, trouveront toujours leur meilleure solution dans la rectitude d'une première impression, dans la seule droiture du sens et sur tout dans l'indépendance de la position. Leur nature et leur gravité les attribuent naturellement au jury.

Il n'en est pas de même de l'injure qui ne renferme l'imputation d'aucun fait, son caractère n'a rien d'ambigu, rien n'a pu la légitimer. Il n'y a aucun motif pour n'en pas laisser le jugement aux tribunaux correctionnels.

La nécessité de faire juger de simples délits par les cours d'assises nous a amenés à leur tracer un mode pour juger les défauts et les oppositions. Nous avons cherché à concilier les droits du prévenu avec la prompte expédition de la justice.

Le ministère aurait-il à craindre, Messieurs, le reproche de ne pas vous apporter avec les lois répressives des abus de la presse et des publications, la loi sur la réforme du jury. Nous craindrions, avec plus de fondement un autre reproche, celui de n'avoir pas encore consacré assez de temps et de méditations aux questions graves et multipliées dont nous vous proposons en ce moment la solution; et nous nous serions nous-mêmes accusés d'imprudence si, à des difficultés aussi réelles dans une matière aussi étendue, nous eussions en ce moment ajouté les difficultés plus grandes et plus épineuses encore de la réforme du jury.

Nous dirons seulement que de premiers travaux sur ce sujet ont été entrepris, mais qu'il faut un plus long espace de temps pour les mûrir. Une loi sur les abus de la presse se corrige facilement par l'expérience; la réforme du jury manquée pourrait compromettre l'institution et la société elle-même.

Tel qu'il est aujourd'hui le jury est incontestablement préférable aux tribunaux correctionnels pour le jugement des délits de publication. La responsabilité légale et morale des administrateurs se développe évidemment tous les jours et nous garantit provisoirement, au moins jusqu'à un certain degré, le soin et l'impartialité dans la composition de la liste des jurés. Tel qu'il est aujourd'hui, le jury juge des crimes dont la découverte demande assurément plus de sagacité que celle des délits de publication. Enfin adopter pour ce genre de délits l'institution du jury, c'est en rendre la réforme plus urgente et plus indispensable.

Le prévenu de diffamation est traduit devant le jury. Pourra-t-il se prévaloir de la vérité des faits qu'il a allégués? Sera-t-il admis à en faire la preuve? Notre législation actuelle lui en a refusé le droit, sauf le cas infiniment rare où il est armé de la preuve légale du fait, sorte de preuve qui ne peut consister, comme on sait, que dans un acte authentique.

La jurisprudence anglaise, au contraire, sur l'action civile la plus usitée, ne voit que le dommage causé par l'imputation, et admet la preuve pour ou contre le dommage et sa quotité.

Le système de la preuve est, dans le vrai, le seul qui soit capable de satisfaire pleinement l'honnête homme calomnié. Le calomniateur défié inutilement de prouver ses imputations, n'a plus la ressource de ses subterfuges ordinaires; il ne peut plus dire qu'il a cédé trop inconsidérément à la force de la vérité, à un juste sentiment d'indignation, et que si le jugement devait dépendre de l'exactitude des faits, il lui serait facile de montrer son innocence, en prouvant beaucoup plus devant les juges qu'il n'a avancé contre la partie qui le poursuit. Il ne peut alléguer mille présomptions dont la malignité ne manque jamais de s'emparer et de faire son profit. En un mot, forcé dans son dernier retranchement, la justice éclatante et non équivoque de sa condamnation répare entièrement l'honneur de l'offensé, au lieu d'y porter une nouvelle atteinte, comme il arrive trop souvent dans ces sortes de causes. Malheur sans doute à quiconque a failli, si la preuve est acquise contre lui; mais est-il juste de sacrifier l'homme irréprochable à celui qui ne l'est pas? Que chacun recueille le fruit de ses œuvres : ce résultat est aussi utile que moral.

Avouons-le, Messieurs, ce système suppose des mœurs plus fortes, plus mâles, de véritables mœurs publiques enfin. Mais serait-il accueilli par un peuple doué d'une susceptibilité jalouse sur tout ce qui touche à l'honneur et à la considération? Par un peuple qui aime la liberté, mais qui abhorre le scandale? Supporterions-nous l'idée de mettre au jour notre vie privée, de dévoiler nos relations les plus intimes, souvent nos plaies les plus douloureuses et les plus secrètes à la première parole offensive? Ne verrions-nous pas là un appât présenté à la médisance, une arène ouverte à la licence et à la malignité? Telle est la crainte, Messieurs, qui nous a déterminés à vous proposer d'interdire la preuve.

Il est une exception cependant que réclame hautement la liberté publique. C'est le cas où l'imputation s'adresse aux dépositaires ou aux agens de l'autorité, et où elle concerne les actes ou les faits de leur administration. La vie privée des fonctionnaires n'appartient qu'à eux-mêmes : leur vie publique appartient à tous. C'est le droit, c'est souvent le devoir de chacun de leurs concitoyens de leur reprocher publiquement leurs torts ou leurs fautes publiques. L'admission à la preuve est alors indispensable. La censure, sachant qu'elle sera dans l'obligation de prouver, en aura plus de mesure et plus de dignité. Le droit reconnu de dire la vérité fera punir plus sévèrement la calomnie et l'injure contre les hommes revêtus du pouvoir, et ceux-ci, à leur tour, seront d'autant plus fermes dans la ligne du devoir, que si leurs méfaits ne peuvent échapper à un impartial jury, au jugement du pays, ils trouveront aussi dans ce tribunal le vengeur certain de leur honneur offensé.

Le projet de loi n'a point dû parler ici de la preuve légale. Il n'y a point diffamation, suivant la définition de la loi pénale, à répéter un fait généralement notoire, et bien moins lorsque cette notoriété prend sa source dans la publicité des actes de l'autorité.

L'individu attaqué dans sa considération, dans sa moralité, pourra produire devant le jury les témoins de l'une et de l'autre; la même faculté est justement refusé à son accusateur.

La mise en liberté provisoire du prévenu d'un

délit, moyennant caution, est dans le droit commun soumise à la discrétion du juge; dans bien des cas il n'en peut être autrement. Dans cette matière spéciale, il estsans inconvénient, et dès lors il est juste qu'elle soit de droit. Pour garantir ce droit, le projet de loi fixe le maximum du cautionnement qui pourra être exigé.

Après que la condamnation d'un ouvrage a été rendue publique, la réimpression, la vente en seront plus coupables. Le projet de loi vous propose donc d'appliquer dans ce cas le maximum de la peine.

Enfin, Messieurs, il est dans la nature des crimes et délits commis avec publicité et qui n'existent que par cette publicité même, d'être aussitôt aperçus et poursuivis par l'autorité et ses nombreux agens. Il est de la nature des effets de ces crimes et délits, d'être rapprochés de leur cause. Elle serait tyrannique la loi qui, après un long intervalle, punirait une publication à raison de tous ses effets possibles les plus éloignés. Lorsque la disposition toute nouvelle des esprits peut changer du tout au tout les impressions que l'auteur lui-même se serait proposé de produire dans l'origine; lorsqu'enfin le long silence de l'autorité élève une présomption si forte contre la criminalité de la publication. Il a donc paru convenable d'abréger beaucoup le temps de la prescription de l'action publique.

Il n'en est pas de même de l'action civile. Un individu peut avoir été diffamé, injurié et l'ignorer long-temps.

### *Journaux et écrits périodiques.*

Messieurs, les journaux, publication d'une nature toute particulière, doivent être soumis à une législation spéciale. Un journal est une véritable tribune d'où l'écrivain peut parler à des milliers d'abonnés ou de souscripteurs, et ses feuilles rapidement répandues, ont déjà parcouru tout le royaume, et sont dans toutes les mains avant que le magistrat, chargé de veiller à la tranquillité publique, ait pu reconnaître si elles renferment rien qui la compromette. Rivales des tribunes législatives, ces feuilles, en répétant les discours des orateurs publics, leur donnent toute leur puissance; mais aussi trop souvent elles les altèrent et les dénaturent.

L'auteur d'un journal, dans l'état actuel de la société, remplit donc une véritable fonction; il exerce un véritable pouvoir, et la société a droit de s'assurer que cette fonction sera fidèlement remplie, que ce pouvoir ne sera point dirigé contre elle et contre ses membres.

Mais, d'un autre côté, la publicité, cette âme, cet élément des gouvernemens représentatifs, la publicité n'existerait pas tout entière; la liberté de la presse serait évidemment incomplète sans la liberté des journaux. Les garanties de la société doivent donc être telles qu'elles ne portent aucune atteinte à la liberté du journal une fois établi; telles encore qu'en remplissant les conditions imposées, nul ne soit exclu d'élever un journal; enfin ces conditions elles-mêmes doivent être assez modérées pour qu'il s'établisse facilement un nombre de journaux suffisant pour créer la plus grande publicité. Les garanties demandées par le projet de loi sont la déclaration de deux éditeurs responsables et un cautionnement en rentes. Ces garanties sont si naturellement indiquées, qu'il n'est pas besoin de les motiver. Le cautionnement en rentes est le plus facile à réaliser, comme le plus avantageux pour les éditeurs qui ne feront qu'immobiliser la rente pendant la durée de leur entreprise, et en toucheront à chaque semestre l'intérêt.

Les dispositions du projet de loi sur ce cautionnement, son affectation aux diverses condamnation suivant l'ordre de leur privilége, la nécessité de le libérer ou de le compléter, en cas de prélèvement, sont autant de corollaires du principe, autant de mesures d'exécution qui se justifient à la simple lecture.

Nous en disons autant de la sanction que donne à ces règles l'article 6 du projet de loi.

C'est encore en conséquence du principe des garanties que les éditeurs répondent de tous les articles insérés dans leur journal. Sans cette responsabilité, les garanties deviendraient complétement illusoires.

L'obligation imposée par l'article 5 de remettre à l'administration locale un exemplaire de chaque feuille ou livraison du journal ou écrit périodique signé de l'un des éditeurs responsables, n'a pour objet que de nantir l'administration des pièces sur lesquelles pourrait s'exercer son action. Cette formalité ne peut ni retarder ni suspendre le départ ou la distribution du journal.

La publication des séances secrètes des chambres est, l'expérience l'a prouvé, la plupart du temps sans inconvénient; elle est même souvent utile. Mais il est telle circonstance où le silence peut être nécessaire. C'est aux chambres qu'il appartient d'en juger, et le projet leur réserve ce privilége.

En laissant toute liberté aux journaux, il est juste d'accorder au gouvernement le droit de s'en servir pour faire mieux connaître à tous ses actes et ses déclarations : l'article 8 dispose, en conséquence, que tout journal sera tenu d'insérer les publications officielles qui lui seront adressées par le gouvernement. Comme ces insertions ne seront point gratuites, elles seront souvent utiles et jamais onéreuses au propriétaire du journal.

Les éditeurs de journaux seront soumis aux mêmes lois pénales, aux mêmes formes de jugement que les auteurs des autres publications; seulement les amendes pourront être doublées et, en cas de récidive, quadruplées. Cette disposition se justifie par deux motifs : d'une part, les délits sont d'autant plus dangereux et plus graves, que la publicité est plus rapide et plus étendue; d'ailleurs, il est vrai que la profession de journaliste s'ennoblit et s'élève par le caractère, la sagesse et le talent de celui qui l'exerce; il est vrai aussi que ce genre de publication a, plus communément que tout autre, un but purement intéressé; il assure aux auteurs des bénéfices réguliers et considérables; il est juste d'aggraver les peines pécuniaires contre celui qui spécule sur le trouble de son pays ou l'affliction de ses concitoyens.

Tels sont, Messieurs, les principaux motifs des trois projets de loi que nous avons l'honneur de vous présenter. Ces lois sont nécessaires. La législation actuelle, sur les points qu'elles doivent régler, est généralement reconnue défectueuse ou insuffisante. La censure des journaux expire, et vous ne voudrez les rendre libres que sur la foi d'une législation spéciale. Nous sommes loin de nous flatter d'avoir seulement, dans aucun de ces projets, approché de la perfection désirable. Il nous eût fallu plus de temps, un temps plus calme surtout; et peut-être cette perfection ne s'obtiendra que de l'expérience. Conçus de bonne foi et avec conscience, ces projets de loi sont soumis dans les mêmes sentimens à votre discussion. Nous réclamons franchement le concours de vos lumières, et nous nous féliciterons s'ils sortent améliorés du sein de vos délibérations.

Séance de la chambre des pairs, du 24 avril 1819 [1].

Messieurs, le roi nous a ordonné de vous présenter le projet de la loi pénale *contre les crimes et délits commis par la voie de la presse ou par tout autre moyen de publication*, tel qu'il vient d'être

[1] Voyez le Moniteur du 6 mai 1819.

adopté dans l'autre chambre législative. Le principe fondamental sur lequel repose ce projet, les motifs qui en ont déterminé les différentes dispositions, sont également simples et naturels.

Ce qui constitue proprement le crime et le délit, c'est le préjudice porté méchamment à la société ou à ses membres, quel que soit le moyen que le coupable ait employé pour causer ce préjudice. La manifestation de la pensée peut, comme toute autre action de l'homme, servir le désir de nuire, et attaquer criminellement ou la société ou les individus qui la composent. C'est un moyen qui doit offrir au crime ou au délit de nouvelles facilités, mais qui ne crée pas des crimes ou des délits d'un ordre spécial; et ce que je dis ici de la manifestation de la pensée par rapport aux autres manières qu'ont les hommes de se rendre coupables aux yeux de la loi, doit se dire également de la presse par rapport aux autres voies qui servent à la manifestation de la pensée. L'invention de la presse n'a point inventé des crimes; ceux à qui elle est venue offrir un instrument nouveau étaient connus, punissables et punis avant sa naissance.

Il ne faut donc point ici de nouvelles définitions. Tous les méfaits dont la répression va nous occuper, sont écrits et définis d'avance dans nos lois, et celle que nous vous proposons aujourd'hui ne peut avoir d'autre objet que de fixer les peines qui devront leur être appliquées, lorsqu'ils auront été commis au moyen de la presse ou par toute autre voie de publication.

Ces crimes et délits nous ont paru tous rassemblés dans les chefs suivans : 1° la provocation publique aux crimes ou délits; 2° les outrages à la morale publique et religieuse, et aux bonnes mœurs; 3° les offenses publiques envers la personne du Roi; 4° les offenses publiques envers les membres de la famille royale, les chambres, les souverains et les chefs des gouvernemens étrangers; 5° la diffamation et l'injure publiques.

Sous le premier chef, se rangent tous les crimes et délits commis par le moyen d'une publication quelconque, qui ont proprement un caractère politique. En effet, aucune action ne peut être politiquement incriminée pour d'autre raison que parce qu'elle trouble ou invite à troubler la tranquillité de l'état. Or, l'opinion et la pensée sont toujours dans ce dernier cas. L'opinion et la pensée même exprimées, même publiées et répandues dans toutes les parties du royaume, impuissantes par elles-mêmes pour accomplir le crime, ne peuvent qu'y exciter, qu'y encourager les citoyens : elles se réduisent toujours à la provocation; mais quelles seront les règles au moyen desquelles pourra s'appliquer, dans chaque cas particulier, le caractère de provocation? Ici, la loi garde justement le silence, se reposant sur les jurés du soin d'apprécier dans l'occasion les intentions et les circonstances, choses inappréciables dans les dispositions abstraites et générales d'une loi.

Toutefois, en laissant aux jugemens l'office de déduire chaque fois les conséquences de cette disposition pour le fait particulier sur lequel ils auront à prononcer, il a paru convenable de tirer de pair et de marquer d'avance certains actes qui devront toujours être considérés comme provocation. Tel est l'objet des articles 4, 5 et 6 du chapitre 1er, non que les principes et les intérêts qui y sont expressément consacrés et garantis ne le fussent déjà dans les dispositions précédentes, mais on a cru que ces principes et ces intérêts avaient, surtout au milieu des circonstances où nous sommes, une importance assez grande, une liaison assez directe et assez intime avec les premiers fondemens de la tranquillité publique, pour mériter une mention séparée, et qu'on ne pouvait avertir trop explicitement les citoyens de la nécessité de les respecter, même au risque d'introduire dans la loi une spécification peut-être superflue aux yeux des hommes accoutumés à voir dans un principe toutes les conséquences qu'il renferme.

La loi, mesurant les peines sur la nature des cas, en a fixé de différentes pour la *provocation*, suivant qu'elle lui a reconnu le caractère de complicité ou celui de simple tentative.

Le chapitre II pourrait être considéré comme une dépendance nécessaire du précédent. Et n'est-ce pas en effet attenter à la sûreté de la société elle-même que d'outrager ces vérités universelles, ces sentimens primitifs et ineffaçables, en un mot, ces saintes lois de la conscience du genre humain, qui ne sont pas moins inviolables, comme liens primitifs et éternellement nécessaires de l'ordre social, que comme propriété naturelle de chaque particulier.

Avant le respect des mœurs la loi avait donc prescrit celui de la morale publique qui en est la source. La chambre des députés a cru devoir rendre encore plus clair le sens de cette disposition, en ajoutant à la qualification de publique celle de religieuse qui, si elle est surabondante, sert du moins à rappeler que les principes religieux sont inséparables des principes de la morale qu'ils sanctionnent, et que l'on n'outrage jamais les uns sans offenser les autres.

Je m'abstiendrai, Messieurs, de toute explication sur le chap. III : la loi, en prescrivant le respect à la personne du Roi, ne fait que consacrer un sentiment national, et la manière dont les députés du royaume viennent de voter cet article, est un commentaire bien au-dessus de tous ceux que je pourrais entreprendre.

Je ferai la même remarque sur l'article du chapitre IV qui concerne les offenses envers la famille royale. Quant aux articles du même chapitre, qui regardent les chambres et la personne des souverains étrangers, vous penserez sans doute comme nous, Messieurs, à l'égard du premier cas, que c'est un devoir essentiel pour un peuple qui se respecte lui-même, de respecter les corps qui le représentent; et, à l'égard du second, que la majesté du diadème est une, et que l'outrager sur un trône, c'est l'outrager sur tous. Vous assureriez donc le respect des couronnes étrangères au même titre que le respect dont le chapitre précédent a consacré l'inviolabilité envers notre propre souverain.

Le chapitre V statue sur la diffamation et l'injure publiques. Je ne répéterai point ici les raisons déjà exposées en présentant le même projet à la chambre des députés pour justifier la substitution du mot *diffamation* au mot *calomnie*, usité jusqu'ici dans nos lois pénales. Nous avons lieu d'espérer que ce changement nécessaire obtiendra dans cette assemblée le même assentiment qu'il a trouvé dans l'autre. J'en dis autant des distinctions d'après lesquelles les peines ont été déterminées et graduées.

A l'égard du chapitre VI, Messieurs, les dispositions générales qu'il contient, lesquelles ont pour objet de régler et les cas d'immunité contre l'action de la loi, et le cas où la récidive entraînerait une aggravation de peines, les motifs en sont assez évidens par eux-mêmes, et n'ont besoin, ce nous semble, d'aucun développement.

Séance de la chambre des pairs du 4 mai 1819 [1].

Messieurs, après avoir essayé dans le projet de loi qui vous a déjà été présenté, de concilier la liberté justement due à la manifestation de la pensée avec la sécurité des intérêts publics ou particuliers que pourrait offenser cette liberté dégénérant en licence, il reste encore à assurer l'effet des dispositions établies à cet égard, par des formes de procédure qui garantissent au prévenu l'usage légitime de tous ses moyens de défense, sans faire

[1] Voyez le Moniteur du 14 mai 1819.

perdre à la justice aucun de ses moyens de répression. Tel est l'objet du projet de loi sur la poursuite et le jugement des délits commis par la voie de la presse ou par tout autre moyen de publication, que le Roi nous ordonne de soumettre à vos délibérations.

En nous occupant de rassembler les matériaux de cette loi, notre premier soin a dû être de régler à quelles conditions s'entameraient les poursuites. Pour les cas où il s'agit d'une offense envers l'état et la société, envers le Roi et les membres de la famille royale, dont l'inviolable dignité doit être rangée parmi les grands intérêts de la société et de l'état, il ne pouvait s'élever aucune difficulté; le ministère public étant ici non-seulement l'organe naturel, mais encore l'organe unique et nécessaire de la plainte, c'est à lui seul qu'il appartient de poursuivre, et il doit le faire de son propre mouvement. Il n'en est pas de même dans les autres cas. Bien que l'état souffre véritablement de toute offense qui tend à violer les droits, ou à troubler la tranquillité des citoyens, et que, par conséquent, il soit en principe autorisé à en requérir la punition par ses officiers; toutefois nous avons pensé que l'honneur est un intérêt trop délicat et trop jaloux pour ne pas le laisser arbitre lui-même de ce qui lui convient le mieux dans ces sortes d'occasions, et que nul n'a le droit de l'exposer à être vengé plus qu'il ne le voudrait, et à subir, sans son consentement, de mortifiantes réparations où il pourrait trouver quelquefois de nouvelles et peut-être de plus cruelles injures. La partie publique ne se portera donc à intenter une action que sur la plainte des parties intéressées. Des motifs non moins graves, déjà développés avec détail dans l'autre chambre, nous ont décidés à étendre cette disposition aux cas d'offense contre les assemblées législatives, les cours judiciaires et les corps constitués. C'est l'objet des art. 2, 3, 4 et 5.

Le premier acte de la poursuite est la saisie de l'instrument du crime ou délit. Le besoin indispensable de l'ordre a fait une nécessité de placer cette saisie avant le jugement; mais vous penserez sans doute, Messieurs, que la brièveté des délais qui séparent l'une de l'autre, et la péremption qui intervient naturellement à défaut d'une décision dans les termes fixés, sont une compensation au moins suffisante de la rigueur nécessaire que peut d'abord paraître renfermer cette disposition.

La détermination de la compétence était un article plus épineux encore, et dont il était peut-être impossible de se tirer sans se résigner à quelques inconvéniens. Lorsqu'un citoyen, lorsqu'un magistrat invoquent la vengeance des lois pour des atteintes portées à leur honneur, dans quel lieu, devant quels juges intenteront-ils leur action? Blessés cruellement par l'injure ou la calomnie dans un écrit répandu chez eux, au milieu de leurs amis, de leurs connaissances, de toutes leurs relations, seront-ils obligés d'aller se plaindre à grands frais à un tribunal inconnu, dans une ville étrangère où la faveur sera contre eux, où, le plus souvent, leurs preuves ne pourront les suivre, où leur triomphe même, enfin, ne sera point une réparation; en un mot, celui que la diffamation sera venue chercher au sein de ses foyers, se verra-t-il contraint de chercher la justice à l'extrémité du royaume? Cette condition, Messieurs, vous le sentez, serait intolérable, et nulle réputation ne se croirait à l'abri pouvant être si facilement attaquée, et si malaisément défendue. Mais, d'une autre part, si, dans ces sortes de causes, une sorte de défaveur s'attache généralement au plaignant, toutefois le prévenu ne doit pas être traité comme coupable avant d'avoir été convaincu. Or, n'est-ce pas déjà une sorte de peine d'exiger d'un écrivain qu'il soit toujours prêt à se transporter au loin, pour répondre à une accusation souvent, après tout, légèrement ou mal fondée. Après plusieurs essais pour concilier les difficultés, nous nous sommes décidés à nous en tenir à un principe reconnu par la jurisprudence et l'équité; c'est que le crime devant être poursuivi dans le lieu où il s'est accompli, et l'accomplissement du crime ne pouvant être que dans le fait personnel du coupable, le plaignant ne sera autorisé à attirer le prévenu devant les juges de son domicile, que lorsque la publication y aura été effectuée.

En vertu de l'article 13, tous les crimes ou délits de publication, excepté quelques cas réservés par l'article suivant, c'est-à-dire à peu près tous les crimes et délits qui auront un caractère politique, ne pourront être soumis qu'à l'examen des jurés, au jugement du pays : disposition vraiment constitutionnelle; Messieurs, ou le gouvernement, nous le disons avec pleine conviction, trouvera protection certaine pour ses légitimes intérêts, autant que les simples citoyens, garantie inviolable pour un de leurs droits les plus précieux. Nous ne nous sommes point dissimulé que cette innovation salutaire dans notre législation criminelle a besoin, pour porter tous ses fruits, que l'institution du jury soit elle-même soumise à de nécessaires réformes, mais quelles que soient les imperfections qu'on puisse reprendre dans le jury actuel, nous n'hésiterons point à affirmer que c'est dès à présent un changement heureux de lui confier un ministère difficile qui commence à peser aux tribunaux, et dont il y a lieu de craindre qu'ils ne puissent bientôt plus s'acquitter ni à la satisfaction des citoyens, ni à l'avantage du gouvernement.

Les autres articles du projet, destinés à régler les diverses formes de la poursuite et du jugement, portent avec eux-mêmes l'explication de leurs motifs; mais il en est un qui par son importance mérite d'être placé à côté de l'article 13, et que les ministres du Roi vous présentent, Messieurs, avec la même confiance; l'article 20, en vertu duquel la faculté de faire la preuve, refusée au prévenu contre les particuliers, lui est accordée contre les dépositaires ou agens de l'autorité pour les faits relatifs à leurs fonctions. Ainsi, Messieurs, tandis que le secret de la vie privée est mis religieusement à l'abri, la vie publique des hommes publics, pour laquelle la loi ne doit point reconnaître de secret, est exposée au grand jour qu'elle ne saurait fuir sans déclarer mieux encore la nécessité de l'y ramener, et soumise à une sorte de responsabilité morale non moins propre à honorer la dignité de la magistrature et des officiers publics contre l'oppression et les injustices de leurs administrateurs.

Voilà, Messieurs, les motifs des principales dispositions contenues dans le projet que nous avons l'honneur de vous présenter, tel qu'il est sorti des délibérations de la chambre des députés. Il se termine par un adoucissement aux règles que la loi commune établit sur les délais dans lesquels l'action se prescrit. Ici le terme de six mois nous a paru suffisant dans les poursuites intentées par le ministère public. Cette indulgence de la loi ne vous semblera point déplacée, sans doute, dans une matière où le temps et les circonstances contribuent, pour une si forte part, à déterminer le caractère des crimes et des délits, ou à changer les idées d'après lesquelles ils doivent être jugés.

Séance de la chambre des pairs du 8 mai 1819[1].

Messieurs, le Roi nous ordonne d'apporter dans le sein de cette chambre le projet de loi relatif aux journaux et écrits périodiques qui vient d'être voté par MM. les députés du royaume.

Le gouvernement a dû envisager les sortes de publications dont il s'agit ici sous deux points de

[1] Voyez le Moniteur du 12 mai 1819, 2e *supplément*.

vue différens, et en tant qu'elles rentrent dans la classe des autres productions de la presse, et en tant qu'elles s'en écartent par des circonstances qui leur sont particulières.

A titre d'écrits ordinaires, les journaux et feuilles périodiques ont droit à tous les avantages de la liberté de la presse sans restriction, exempts de toute censure préalable et de toute mesure de prévention, circulant sans aucun obstacle dans toutes les parties du royaume, sous la seule condition de répondre à la société ou aux particuliers du mal qu'ils peuvent faire, d'après les dispositions de la loi pénale qui régit toute cette matière. La loi n'a donc assujetti à aucune entrave particulière l'opinion qui veut se produire dans ces sortes d'écrits. Sa condition est absolument la même que si elle choisissait toute autre voie. Irréprochable ou non, avant de paraître elle est également libre; innocente, elle est également inviolable après la publication; coupable, elle est poursuivie et jugée avec l'observation des mêmes formalités et suivant les mêmes distinctions : seulement, comme c'est un principe d'équité naturelle non moins qu'une maxime de jurisprudence, que les peines soient proportionnées à la gravité des délits et aux dangers de leurs conséquences, il a paru juste et convenable de laisser aux tribunaux la faculté de doubler les amendes pour ces cas où l'instrument du mal est infiniment plus puissant, et l'intention de celui qui l'emploie plus criminelle, puisqu'il ne peut ignorer cette puissance, et que, du moment où il s'en arme, il en accepte volontairement toutes les suites.

Mais, Messieurs, si chaque feuille journalière, chaque recueil périodique, pris séparément, ne sont, en effet, que des productions ordinaires de la presse, et ne doivent pas être assujettis à une législation spéciale, si le droit de publier librement sa pensée dans ces écrits est aussi incontestable que dans tous les autres, s'ensuit-il que le droit de faire imprimer un écrit quelconque, et le droit d'établir un journal ou un recueil périodique, ne soient aussi qu'une seule et même chose? Ici la différence est sensible. Le premier droit est celui de faire un acte particulier, le second celui de fonder une entreprise publique. A ce seul titre déjà la fondation d'un journal peut être soumise à des conditions légalement imposées.

Jetons les yeux sur la nature de cette entreprise, et nous verrons que la faculté donnée à la loi devient une nécessité, un devoir de rigueur. Un journal n'est pas seulement une spéculation industrielle dont l'auteur, pour les avantages qu'il en retire, peut justement être tenu à quelque retour envers le gouvernement qui l'autorise et le seconde; c'est une entreprise politique qui a pour objet de répandre continuellement et partout à la fois dans le royaume, des nouvelles, des réflexions, des opinions, dont l'effet, déterminé par ce caractère de continuité et de rapidité dans la propagation, peut avoir sur les esprits et sur l'état de la société l'influence la plus importante et la plus funeste. Or, cette influence politique, Messieurs, qui résulte d'un établissement public, est-il donc un seul citoyen autorisé à la revendiquer comme son droit naturel? Ce droit n'appartient-il pas à la société tout entière? N'est-ce pas d'elle seulement que peut le tenir le particulier qui l'exerce; et, avant de l'exercer, la société ne peut-elle, par l'organe de la loi qui est son interprète, déterminer certaines conditions qui lui répondent qu'on n'en abusera pas contre elle? Je crois inutile d'insister sur cette vérité déjà démontrée au delà même de l'évidence dans de lumineuses discussions.

Quant à la nature des conditions, Messieurs, elle est déterminée par la nature même de l'entreprise. Lorsque la loi autorise une influence politique quelconque, directe ou indirecte, les précautions qu'elle prend contre l'abus de cette influence tendent avant tout à s'assurer que l'abus n'aura pas lieu. Or, la meilleure garantie qu'elle puisse se procurer à cet égard naîtra toujours de l'intérêt même de ceux entre les mains de qui elle remet cette arme dangereuse. Ce sera donc, pour le cas dont il s'agit, ce sera l'intérêt que le journaliste ou l'entrepreneur du journal aura lui-même au maintien de la tranquillité publique qui répondra qu'on peut l'autoriser, sans inconvénient, à l'exercice d'une profession qui lui donnerait de si grandes facilités pour la troubler. Or, cet intérêt se trouve dans sa situation sociale; et le cautionnement qu'exige de lui la loi est, entre les mains de la société, non pas un nantissement, mais le gage et la preuve de cette situation. Si la loi affecte particulièrement les fonds de cautionnement à l'acquittement des condamnations que pourront encourir les journalistes, cette disposition est un accessoire naturel du cautionnement, mais n'en est pas le principe.

Après avoir démontré en général le droit et la nécessité de soumettre l'établissement des journaux à des mesures, non de prévention, comme on l'a dit, mais de précaution, après avoir justifié ces mesures dans leur application la plus importante et la plus vivement contestée, celle du cautionnement, il serait inutile, Messieurs, de s'arrêter aux autres dispositions de la loi qui découlent du même principe, pour les justifier successivement, et il ne reste plus qu'à vous donner lecture du texte même de ce troisième projet, qui, nous l'espérons, avec les deux premiers que nous avons déjà eu l'honneur de vous présenter sur cette matière, sortira de votre délibération pour aller, sous la sanction royale, marquer dans notre législation le véritable établissement de la liberté de la presse.

## EXPOSÉ DES MOTIFS

*De la loi du 17 mars 1822, relative à la police des journaux et écrits périodiques, par M. de Peyronnet, garde des sceaux, ministre secrétaire d'état au département de la justice.*

Séance de la chambre des députés du 2 janvier 1822 [1].

Messieurs, le Roi nous a ordonné de vous appor-

[1] Voyez le Moniteur du 3 janvier 1822.

ter un projet de loi relatif à la police de la presse périodique.

Un projet[1] plus général et plus étendu, dont le but essentiellement différent de celui du nouveau projet, est de réprimer indistinctement tous les délits commis par la voie de la presse; il est soumis en ce moment à l'examen de l'une de vos commissions.

Conçu selon d'autres vues et d'autres systèmes, ce projet vous paraîtra peut-être aujourd'hui susceptible de quelques modifications.

Nous ne saurions donc différer de vous faire connaître les changemens fondamentaux que le système du gouvernement a éprouvés en cette partie, puisque c'est par eux que vous jugerez en quoi ladite loi de répression peut être modifiée.

Tout le monde convient que la licence des journaux serait funeste. Personne ne révoque en doute qu'il ne soit nécessaire de régler par une loi spéciale les formes de leur publication.

Mais quelles doivent être ces règles? C'est là, Messieurs, que les obstacles se multiplient et que les esprits commencent à se diviser.

La difficulté la plus grave est peut-être dans la nature même des garanties qu'on peut obtenir; car les unes, qui sont efficaces, entraînent après elles plusieurs sortes d'inconvéniens, et les autres, qui auraient sans doute moins d'inconvéniens, sont pour la plupart dépourvues d'efficacité.

Il faudra donc rejeter comme illusoires et insuffisantes, toutes ces formalités de détail, toutes ces

[1] La loi du 25 mars 1822.

combinaisons plus ingénieuses qu'utiles, dont un examen attentif vous aura bientôt démontré la faiblesse et l'imperfection.

Les choses étant ainsi, il ne restera plus qu'à rechercher s'il est possible d'établir un petit nombre de dispositions simples et sûres, qui, sans violer les droits d'une liberté légitime, diminuent cependant les chances de l'impunité et contribuent aussi à rendre les excès des journaux moins fréquens et moins dangereux.

Or, Messieurs, ni les circonstances ne sont toujours également favorables à la paix publique, ni la nature de nos institutions ne permet d'en recevoir dans tous les temps les mêmes secours.

Les garanties doivent donc se conformer à ces différences, et varier selon ces besoins.

Dans les temps ordinaires elles seront plus simples et moins étendues.

Dans les circonstances graves, dans les temps de trouble, quand la sûreté de l'état sera menacée, si les règles habituelles sont insuffisantes, on y pourvoira par des mesures momentanées, dont l'expérience aura garanti l'efficacité.

De là, Messieurs, les deux dispositions qui servent de base à la loi nouvelle. Par la première, vous permettez d'approfondir et de juger le but réel et la tendance habituelle des feuilles périodiques. C'est un droit nouveau, mais nécessaire; c'est l'indispensable condition de la suppression de la censure.

Notre langue a trop de souplesse et l'esprit français a trop de vivacité pour qu'il soit difficile parmi nous d'écrire des choses coupables auxquelles le juge ne puisse jamais appliquer la définition étroite et positive des délits.

Il faut nécessairement une appréciation morale pour un acte dont la responsabilité toujours évidente, se déguise néanmoins sous des formes extérieures qui échappent aux dispositions précises des lois générales.

Il n'est personne qui puisse refuser de convenir qu'un certain nombre d'articles de ce genre ne fussent plus répréhensibles et plus dangereux que ne le serait une seule phrase échappée peut-être par une sorte d'inadvertance et dans laquelle on retrouverait tous les caractères matériels du fait qui constitue aux yeux de la loi le délit ou le crime.

Le droit de juger suppose un tribunal qui l'exerce; à qui donc confierez-vous, Messieurs, le droit important que vous allez établir? Nous nous proposons de l'attribuer aux cours royales.

Comme l'arrêt sera prononcé en audience solennelle, le nombre des magistrats qui concourront à le rendre assurera à la société et au prévenu toutes les garanties qu'on peut équitablement exiger.

On formera, par cette combinaison, une réunion d'hommes graves et studieux, dont en général l'esprit est plus exercé aux opérations que le jugement de ces actes suppose et rend nécessaires.

On a beaucoup affecté depuis quelques années

de répandre des doutes sur l'indépendance des tribunaux français.

Ils ne méritaient point cette injure. Nous ne dirons pas que l'inamovibilité des juges les met au-dessus même du soupçon; nous dirons, ce qui vaut mieux, que leur conduite a constamment démenti les suppositions de leurs détracteurs.

Ce que nous venons d'énoncer suffira sans doute dans les circonstances ordinaires; mais s'il survenait des temps malheureux, et que le débordement de la licence fût tel que ces barrières ne pussent plus l'arrêter, l'état ne devrait cependant pas rester sans défense. La prudence veut qu'on tienne en réserve un pouvoir plus étendu, mais momentané, pour détourner des périls dont la gravité même abrégerait la durée. La censure alors pourrait devenir accidentellement nécessaire.

Tout concourt à persuader que ces funestes événemens ne se réaliseront plus parmi nous; mais il est utile de les prévenir, et il n'y a pas de sécurité si profonde qui puisse autoriser les législateurs à laisser volontairement imparfaites les lois sur lesquelles se fondent la paix et l'existence même de la société.

Tels sont, Messieurs, les motifs du projet de loi, dont il ne nous reste plus qu'à vous lire les dispositions.

Séance de la chambre des Pairs, du 18 février 1821.

Messieurs, le terme fixé par les lois du 31 mars 1820, et du 26 juillet 1821, était expiré, le roi nous a ordonné de vous apporter un projet nouveau pour remplacer ces lois et y suppléer.

Ce projet, qui a déjà obtenu l'assentiment de l'autre chambre, renferme, en un petit nombre d'articles, plusieurs dispositions importantes.

La plus remarquable peut-être est celle qui rend aux journaux une liberté indéfinie, et qui les affranchit, pour les temps ordinaires, de toute censure préalable.

De bons esprits, dont nous ne révoquons pas en doute la sagacité, mais qu'une prudence excessive a rendus peut-être trop timides et trop défians; de bons esprits ont paru craindre que cette concession fût périlleuse et prématurée.

Nous concevrions leurs inquiétudes, Messieurs, si le projet de loi ne contenait pas deux dispositions également propres à en combattre les causes.

L'une est cette faculté, si essentielle et si nécessaire, de rechercher et de saisir, sous les apparences artificieuses dont elles aiment à s'envelopper, les criminelles pensées que d'imprudens écrivains cherchent à répandre pour tromper les peuples et les exciter à briser le frein salutaire de l'obéissance.

[1] Voyez le Moniteur du 25 février 1822.

Par-là, Messieurs, notre législation de la presse s'achève et se perfectionne; par-là, vous frappez, à l'exemple de nos voisins, les délits de ce genre que la prodigieuse variété des combinaisons du langage ne permet ni de prévoir ni de définir; de même que, par la loi de répression que vous allez bientôt discuter, vous atteignez les délits moins fréquens, moins coupables et moins dangereux, dont le caractère simple et grossier se prête mieux à la précision rigoureuse des définitions. Par-là, enfin, vous enlevez aux écrivains la certitude de l'impunité, et vous prévenez en effet le délit, sans faire cependant autre chose qu'indiquer les peines qui marcheraient à sa suite.

La seconde disposition, où les amis de l'ordre doivent encore puiser des motifs de sécurité, est celle qui, pénétrant, pour ainsi dire, dans l'avenir le plus éloigné de nous, et prévoyant que de grands événemens et de grands désordres pourraient, dans la suite des temps, troubler la paix intérieure qu'il est de notre devoir de fonder et de garantir, attribue au gouvernement du roi un pouvoir temporaire et conditionnel, mais cependant assez étendu pour imposer silence aux journaux coupables qui seconderaient, dans ces circonstances malheureuses, les desseins des agitateurs.

Des hommes à qui l'amour légitime de la liberté inspire quelquefois des défiances injustes et exagérées, ont paru craindre qu'on abusât de ce pouvoir passager. Ils n'ont pas vu que les dangers de ce pouvoir sont prévenus par la disposition même qui le crée, et que l'exercice en est tellement limité, qu'il cesserait d'être au moment même où l'on voudrait en user pour détruire les libertés publiques.

Vous allez en juger, Messieurs, en entendant la lecture du projet lui-même.

## EXPOSÉ DES MOTIFS

*De la loi du 25 mars 1822, relative à la répression et à la poursuite des délits commis par la voie de la presse, ou par tout autre moyen de publication; par M. de Serre, garde-des-sceaux, ministre secrétaire d'état au département de la justice.*

Séance de la chambre des députés, du 3 décembre 1821 [1].

Messieurs, le roi nous a ordonné de vous apporter deux projets de loi.

Le premier contient des dispositions additionnelles aux lois relatives à la répression et à la poursuite des délits commis par la voie de la presse, ou par tout autre moyen de publication.

Lorsque les lois des 17 et 26 mai 1819 furent portée, on prévit que l'expérience seule, cette pierre de touche des lois, indiquerait de quelles modifications étaient susceptibles celles qui vennient de régler une matière aussi neuve que délicate. A la vérité, trois années ne sont pas tout-à-fait écoulées depuis leur promulgation, mais

[1] Voyez le Moniteur du 4 décembre 1821.

dans ce laps de temps il s'est présenté un assez grand nombre de faits judiciaires, et surtout de faits politiques, pour qu'il soit possible d'apprécier par leurs résultats une partie des dispositions des lois de 1819, et l'utilité de quelques dispositions nouvelles. Elles se diviseront naturellement comme les lois auxquelles elles se rattachent, en dispositions pénales et en dispositions relatives à la poursuite. Avant de les exposer, nous croyons devoir vous soumettre quelques réflexions.

La Charte en reconnaissant aux Français le droit de publier leurs opinions, annonce les lois qui doivent réprimer les abus de cette liberté. S'il est aisé d'énumérer, s'il est possible de préciser les intérêts qui souffrent de ces abus, il est impossible d'énumérer et de préciser ces abus eux-mêmes. Leurs formes sont aussi nombreuses, aussi variées que l'expression de la pensée. On sent de tels abus, on ne les définit pas. Or, s'il est de l'essence d'une bonne loi pénale de définir exactement les faits incriminés par elle, il est évident que dans une matière comme celle des abus de la presse, qui échappe à toute définition exacte, une bonne loi est rigoureusement impossible. Et cette difficulté, daignez le remarquer, n'est pas seulement la difficulté de la loi; elle est celle de la répression même.

Dans cet embarras, on n'a trouvé d'autre base à la répression, d'autre moyen de défendre en quelque manière la société, que d'imposer aux abus de la publication des dénominations assez larges pour les embrasser tous. Mais en employant ce procédé, il importe d'en mesurer la portée; il ne faut pas s'imaginer qu'on a réellement fait une loi, dans le sens que nous attachons à ce mot, tandis qu'on n'a fait qu'en donner le titre. Ainsi lorsque la loi anglaise eut déclaré tout *libelle* punissable, il restait à déterminer ce qui était ou n'était pas un libelle, c'est-à-dire que la loi restait à faire. Elle s'est faite dans les esprits par une jurisprudence de plus d'un siècle, seul moyen de produire une telle loi. Tout peuple chez lequel la liberté de la presse sera introduite rencontrera les mêmes difficultés. Les lois qui devront circonscrire cette liberté, imparfaites de leur nature, le seront d'autant plus qu'elles seront plus nouvelles, et par conséquent moins comprises. Le législateur est contraint de reconnaître ici les bornes de son pouvoir; il ne saurait devancer l'œuvre du temps. Une circonstance particulière à la France aggrave pour elle ces inévitable inconvéniens. Depuis trente ans nous avons renoncé à cette généralité, à cette antique simplicité des lois pénales que nos voisins ont conservée; dans la crainte de l'arbitraire, nos lois sont devenues méfiantes envers les hommes chargés de les appliquer; elles ont cherché à définir, à préciser tous les cas avec une rigueur mathématique; l'esprit et les mœurs judiciaires se sont formés dans ce sens étroit, et il est d'autant plus difficile de les ramener, dans une matière spéciale, à des habitudes contraires. Ces habitudes sont cependant, nous venons de le voir, les seules qui puissent donner de la réalité et de la force à une législation nécessairement empreinte du vague de son objet, réduits à procéder par désignations générales, et à s'en remettre aveuglément pour l'application aux sentimens et à la conscience des ministres de la loi.

Ces réflexions expliquent en partie les imperfections reprochées à la loi du 17 mai 1819; elles font pressentir en même temps jusqu'à quel point on peut y remédier; elles indiquent enfin jusqu'où peut s'étendre l'efficacité de la répression.

La loi du 17 mai s'était conformée à la nature même des abus qu'elle était destinée à réprimer, en les embrassant sous des désignations générales, distinguées seulement par leur objet, tels que les provocations, outrages, offenses, diffamations et injures. Et nous pensons encore que ses dispositions, entendues avec la latitude qui était également et dans la nature des choses et dans la pensée du législateur, devaient suffire pour venger toutes les atteintes portées aux intérêts publics et privés. Toutefois la loi elle-même avait craint qu'il n'en fût point ainsi; elle avait, entre autres, dans le chapitre de la *provocation*, particularisé plusieurs abus spéciaux dont la répression était plus instante, et qui devaient servir d'exemples dans l'application des dispositions générales. L'événement a justifié cette prévoyance et prouvé en outre qu'elle avait été trop restreinte.

C'est en partant de ces idées que nous nous sommes efforcés, d'une part, de préciser mieux quelques-uns des objets sacrés ou des grands intérêts qu'il importe de protéger contre les abus des diverses sortes de publications; d'autre part, d'indiquer mieux de quelle manière ces abus peuvent se commettre. La loi nouvelle remplira son but, autant toutefois que ce but peut être rempli, si ses dispositions, si la discussion à laquelle elles donneront lieu, contribuent à pénétrer les organes de la loi de cette conviction, que tout pouvoir leur est donné pour distinguer la liberté de la licence, pour punir l'une et protéger l'autre.

L'article 1<sup>er</sup> du projet de loi est un développement de l'article 8 de la loi du 17 mai 1819. Cet article punit tout outrage à la morale publique et religieuse. On peut se rappeler que ce dernier mot fut ajouté, par amendement, à l'article après une longue discussion qui divisa cette chambre en deux parts presque égales. Cet amendement n'empêcha pas que la même division ne se reproduisît dans la chambre des pairs; de toutes les dispositions de la loi, c'est celle qui a excité les réclamations les plus soutenues; l'expérience est venue les appuyer. Après de mûres réflexions, nous nous sommes rangés à l'avis des personnes qui demandaient une rédaction plus explicite du sens que tout le monde avouait exister dans l'article, et nous vous proposons de déclarer punissable quiconque, par l'un des moyens énoncés en l'article 1<sup>er</sup> de la loi du 17 mai, aura outragé ou tourné en dérision, soit la religion de l'État, soit toute autre religion, dont l'établissement est légalement reconnu en France.

De ce seul fait, que la Charte a déclaré la religion catholique la religion de l'État, résulte la nécessité que la loi punisse explicitement tout outrage à cette religion. En général, tout établissement reconnu par les lois doit être hautement protégé par elles, et cette vérité acquiert plus de force, soit qu'il s'agisse de la religion de l'État, soit qu'il s'agisse d'une autre religion dont les lois ont reconnu l'établissement. Outrager une religion, c'est outrager tous ceux qui la professent; la loi qui vengerait l'injure faite à chacun d'eux, doit à plus raison venger l'injure commune; enfin toute religion est pour ses disciples le lien plus qu'humain qui les attache à tous leurs concitoyens, à l'État, au souverain. C'est la seule sanction efficace de tous les devoirs; c'est la seule base solide de la société. En punissant tout outrage dirigé contre une religion reconnue par les lois, la société ne fait que se défendre elle-même.

La disposition nouvelle ne portera aucune atteinte ni à la liberté de conscience, ni à la libre discussion des opinions religieuses. Pour que cela fût à craindre, il faudrait que la dérision, l'outrage, fissent partie intégrante et nécessaire de la liberté de discussion; or, c'est ce qu'on ne peut soutenir ni de la religion de l'État à l'égard des autres cultes reconnus par les lois, ni de ces cultes à l'égard de la religion de l'État. En de telles matières, la discussion doit être grave, décente, charitable même; elle n'a jamais besoin d'être injurieuse. Sans doute l'esprit de haine et de persécution peut abuser de tout, mais il abuserait également de l'article 8 tel qu'il est. Ce n'est donc pas là un motif pour ne point donner à la loi la force et la clarté nécessaires.

Le projet de loi s'occupe ensuite de la royauté, qui est une seconde religion dans la monarchie. Quelques décisions affligeantes nous ont avertis que son essence, ses attributs et son action n'avaient point été suffisamment définis dans l'article 4 de la loi du 17 mai. Nous vous proposons, en conséquence, d'abord de punir toute attaque contre la dignité royale, les droits ou l'autorité du roi, l'inviolabilité de sa personne, l'ordre de successibilité au trône, les droits ou l'autorité des chambres.

Cette rédaction ne répète pas l'épithète *constitutionnelle* attachée au mot *autorité* dans l'article 4 de la loi du 17 mai, parce que, d'une part, il est évident que l'autorité du roi et des chambres est une partie intégrante et principale de la constitution de l'état, et que, d'autre part, cette suppression rend la désignation plus complète. Elle embrassera désormais et l'autorité qui a donné la Charte, et celle qui s'exerce conformément à cette loi fondamentale.

Le nouvel article supprime également cet énoncé, par lequel commence l'article 4. *Sera réputé provocation au crime.* Il avait pour objet de rattacher cet article au titre du chapitre de la provocation; mais cet énoncé, qui est celui d'une liaison purement logique, est inutile dans la loi, et il a l'inconvénient de prêter à des arguties et à des subtilités sans terme sur le point de savoir si l'attaque punie par la loi doit avoir ou ne pas avoir, a ou n'a pas le caractère de la provocation.

Enfin, l'article 2 supprime la qualification de *formelle*, donnée à l'attaque. Cette qualification est en contradiction avec tout le système de la loi du 17 mai qui a rejeté les qualifications de *directe* ou *indirecte*, précédemment données à la provocation, et qui, en général, ne qualifie aucun des actes qu'elle incrimine. De telles qualifications seraient un obstacle à toute répression. Pour apprécier un écrit, un discours, il faut interroger l'impression reçue, le sentiment produit. Or, la question que la loi adresse à cette impression, à ce sentiment, ne saurait être trop simple, pourvu qu'elle soit claire et complète.

Ces deux derniers motifs s'appliquent également à l'article 5 de la loi du 17 mai; le quatrième paragraphe de cet article, relatif à l'attaque contre les droits garantis par les articles 5 et 9 de la Charte constitutionnelle, devient l'article 3 du projet de loi.

Après avoir défendu la royauté en elle-même, il est indispensable de la défendre dans son action sous les divers modes que la Charte appelle *forme du Gouvernement du Roi.* Après la religion, la royauté est et sera long-temps encore le but contre lequel se dirigent tous les efforts des fauteurs de l'anarchie; ils l'attaquent tour à tour dans ses élémens constitutifs et dans ses divers modes d'action; tantôt ils cherchent à détruire toute croyance en elle, tantôt ils dénaturent ses actes; ils en exagèrent l'erreur, ils en empoisonnent les bienfaits; autant qu'il est en eux, ils soulèvent sans relâche la haine ou le mépris des peuples contre le gouvernement du Roi. C'est contre ces détestables efforts, c'est contre les dangers qu'ils n'ont que trop amenés, que l'article 4 du projet vous propose d'armer la sévérité de la loi. Vous ne craindrez point de confondre avec eux la censure légitime des actes du Gouvernement. Il n'est que trop vrai que les lois rendues peuvent être mauvaises, funestes même; il est vrai encore que de bonnes lois peuvent être mal exécutées, ou, ce qui est pis, enfreintes. Il est dans notre droit public que ces erreurs ou d'autres semblables puissent être librement critiquées; mais qu'il sera facile, dans cette critique, de distinguer du vil libelliste qui ne respire qu'anarchie et destruction, le citoyen courageux, le sujet fidèle qui ne blâme que par des motifs de devoir et d'intérêt public, et tout en blâmant prouve son respect et sa loyauté.

L'article 5 du projet répète, en réparant une omission relative aux autorités et administrations publiques, l'article 15 de la loi du 17 mai, relatif à la diffamation et à l'injure.

Larticle 6 a pour principal objet de suppléer au silence du Code pénal et de la loi du 17 mai, et de protéger l'indépendance de diverses personnes revêtues d'un caractère public.

Les articles 222 et suivans du Code pénal punissent les outrages par paroles, gestes ou menaces commis envers les dépositaires de l'autorité ou de la force publique dans l'exercice de leurs fonctions ou à l'occasion de cet exercice. Il est triste d'avoir à rappeler que des membres de cette chambre ont été diversement insultés ou menacés par des attroupemens tumultueux. Les tribunaux, fidèles à la lettre de la loi, ont jugé que les membres des chambres n'étaient point compris sous les désignations de magistrats ou de dépositaires de l'autorité publique. Une disposition spéciale est donc nécessaire; elle embrasse l'outrage fait publiquement d'une manière quelconque, à raison de la fonction ou de la qualité; et comme cette désignation est plus large que celles du Code pénal, le projet ne l'applique pas seulement aux membres des deux chambres, mais aussi aux fonctionnaires publics. Par des motifs qui s'induisent de tout ce que nous avons dit, la même disposition est étendue aux ministres de la religion de l'État, ou de l'une des religions légalement reconnues en France. Enfin l'article donne une garantie semblable aux jurés et aux témoins, dont l'indépendance est si essentielle à la bonne administration de la justice.

La publicité la plus importante dans notre constitution est celle des débats législatifs et judiciaires; c'est par elle que le public connaît les motifs et le véritable sens des lois et des jugemens. C'est par elle qu'il apprécie le caractère des hommes qui concourent à les rendre. Il y a donc un grand intérêt constitutionnel à ce que cette publicité ne soit pas corrompue dans sa source, à ce que les journaux ou écrits périodiques qui rendent compte de ces débats ne les altèrent ou ne les défigurent pas.

Un article[1] introduit par amendement dans la loi du 17 mai, porte : « Ne donnera lieu à aucune action le compte fidèle des séances publiques de la chambre des députés, rendu de bonne foi dans les journaux. » Mais aucune disposition spéciale ne punissait l'infidélité et la mauvaise foi, et l'abus à cet égard a été porté au comble.

L'article 7 du projet de loi vous propose de punir de simples amendes l'infidélité et la mauvaise foi ; en cas de récidive, ou lorsque le compte rendu sera offensant pour l'une ou l'autre des chambres, ou pour l'un de leurs membres, ou injurieux pour la cour, le tribunal ou l'un des magistrats, des jurés ou des témoins, l'emprisonnement sera en outre prononcé. Dans les mêmes cas, il pourra être interdit au journal condamné de rendre compte, à l'avenir, des débats législatifs ou judiciaires.

L'article 8 [2] reproduit avec l'amendement indiqué à l'occasion de l'article 2, les trois premiers paragraphes de l'article 5 de la loi du 17 mai relatifs aux cris ou autres actes séditieux ; il y ajoute un quatrième paragraphe, pour punir l'exposition, la distribution ou la mise en vente de tous les signes ou symboles destinés à propager l'esprit de rébellion ou à troubler la paix publique.

[1] L'article 22.

[2] Art. 9 de la loi.

L'article 9[1] a pour objet de punir des mêmes peines quiconque par l'un des moyens énoncés en l'article 1er de la loi du 17 mai, aura cherché à troubler la paix publique en excitant le mépris ou la haine des citoyens contre une ou plusieurs classes de personnes. Par le mot *classe*, le projet de loi entend toutes personnes prises collectivement, soit qu'on les désigne par le lieu de leur origine, par la religion qu'elles professent, par les opinions qu'on leur attribue, par le rang qu'elles occupent dans la société, par les fonctions qu'elles remplissent, par la profession qu'elles exercent, ou enfin de toute autre manière. La loi qui punit les attaques individuelles ne doit pas moins punir les attaques collectives qui ont la tendance et peuvent avoir le résultat de troubler la paix publique.

Le 10e article[2] du titre Ier du projet de loi punit la publication, sans autorisation préalable, de dessins gravés ou lithographiés. Cette disposition qui existe aujourd'hui comme temporaire, est trop évidemment dans l'intérêt des mœurs et de la tranquillité publiques, sans être contraire à la liberté, pour qu'il ne soit pas utile de la rendre définitive.

Enfin le dernier article[3] du même titre déclare commun à toutes les dispositions précédentes, l'article 10 de la loi du 9 juin 1819 qui autorise les juges à doubler, et, en cas de récidive, à qua-

[1] Art. 10 de la loi.

[2] Art. 12 de la loi.

[3] Art. 13 de la loi.

drupler les amendes prononcées contre les propriétaires et éditeurs responsables des journaux et écrits périodiques.

Le second titre du projet de loi contient quelques dispositions additionnelles à la loi du 26 mai 1819, relative à la poursuite et au jugement des délits commis par une voie quelconque de publication.

La première et l'une des plus importantes est le droit attribué aux chambres par l'article 12 du projet de loi [1] de juger les offenses dirigées contre elles. L'utilité de cette mesure avait déjà été soutenue dans la session de 1818. Il faut reconnaître qu'elle a en sa faveur une grande autorité; les chambres du parlement britannique exercent ce droit avec avantage et sans inconvénient sensible. Nous avons tout lieu d'espérer qu'il en sera de même parmi nous, et que cette attribution ajoutera à l'indépendance et à la dignité des chambres. Nous pensons, d'ailleurs, que c'est dans nos mœurs le seul moyen d'obtenir la répression de ce genre d'offense. Les chambres ne soumettraient qu'avec répugnance leurs plaintes aux tribunaux; ces plaintes accueillies, l'autorité de la chambre offensée paraîtrait avoir jeté un trop grand poids dans la balance de la justice; dans le cas contraire la dignité de la chambre semblerait en souffrir et lui interdire toute plainte ultérieure.

L'article 12 du projet trace les formes les plus

[1] Art. 15 de la loi.

simples pour l'exercice de cette juridiction des chambres. L'usage en serait facultatif, à l'exception des cas prévus par les dispositions de l'article 7 du projet, relatives au compte rendu par les journaux, des débats des chambres. C'est l'un des cas où la juridiction des chambres est surtout nécessaire, et telle est la nature du délit, que son existence ne peut être bien constatée que par les chambres elles-mêmes. Aussi l'article 13 [1] déclare-t-il, à cet égard, leur attribution exclusive.

C'est par la même raison que nous vous proposons de charger de l'application de ce même article, en ce qui concerce les débats judiciaires, les cours et tribunaux qui auront tenu les audiences dont il aura été rendu compte [2].

. . . . . . . . . . . . . . . . . . . . . . . . . . . . . . . . . . . . . . . . . . . . . . . .

Telles sont, Messieurs, après un examen attentif, les seules modifications aux lois des 17 et 26 mai 1819 que, sans porter atteinte aux droits publics consacrés par la Charte, nous croyons pouvoir vous présenter. La répression en sera sûrement améliorée. Mais sera-t-elle pleine et entière? Toute licence sera-t-elle bannie de la presse? Non, Messieurs, nous ne le pensons pas. Un tel résultat, dans le siècle où nous sommes, n'appartient pas à une loi spéciale sur les publications; quelle que puisse être cette loi; un tel résultat suppose un

[1] Art. 16 de la loi.

[2] Nous retranchons un passage devenu inutile par suite des modifications que la loi a éprouvées à la chambre des députés.

système général de compression incompatible avec la forme et le caractère de notre gouvernement.

L'insuffisance relative de la répression réside en elle-même; elle est dans cette généralité nécessairement vague de la loi pénale; dans l'arbitraire, inévitablement confié aux instrumens qui l'appliquent; enfin, dans la nature de ces instrumens, quels qu'ils soient. Il faut donc cesser de se plaindre et de ces instrumens et de ces lois; ou plutôt ces plaintes mêmes, malgré des essais divers, attestent une insuffisance que la politique doit enfin s'avouer pour régler sa conduite sur ce fait constaté.

D'autres causes concourent encore à cette insuffisance de la répression; une foule d'abus échappent à l'incrimination même; l'écrit le plus dangereux, celui dans lequel le venin corrupteur est le plus adroitement préparé, sera précisément le plus difficile à atteindre par la loi ou par la condamnation. D'ailleurs, la poursuite se lasse; tantôt elle craint un scandale, tantôt elle craint un échec. Enfin, c'est un affaiblissement pour la justice même que d'avoir trop à sévir. Au contraire, la presse séditieuse, aiguillonnée par la cupidité ou l'esprit de faction, est infatigable, et puise sa force dans la multiplicité de ses délits.

Ce que la réflexion, ce que notre propre expérience nous enseignent, est confirmé par l'expérience de tous les pays où existe la liberté de la presse; nulle part elle n'est exempte d'excès et de dommage; partout elle cause des plaintes amères et de vives appréhensions. Nous sommes loin d'en tirer aucune conclusion absolue contre cette liberté; les pays qui peuvent la supporter ont reconnu que ses avantages excédaient ses inconvéniens, et l'ont adoptée par leurs lois. C'est le point auquel nous sommes arrivés [1].

## EXPOSÉ DES MOTIFS

*De la même loi, par M. de Peyronnet, garde-des-sceaux, ministre secrétaire d'état au département de la justice.*

Séance de la chambre des pairs, du 8 février 1822 [2].

Messieurs, le Roi nous a ordonné de vous apporter un projet de loi qui a pour but de fortifier et d'étendre la répression des délits commis par la presse et par les autres moyens de publication.

Ce projet a déjà été adopté par l'autre chambre, et il a subi, dans son sein, l'épreuve d'une discussion prolongée et approfondie.

Attentifs comme vous l'êtes, Messieurs, à tout ce qui intéresse la paix publique et les libertés du

[1] Le second projet, qui avait pour objet de laisser en vigueur jusqu'à la fin de la session de 1826 les lois des 31 mars 1820 et 26 juillet 1821, ayant été retiré, nous supprimons ici ce qui y était relatif.

[2] Voyez le Moniteur du 13 février 1822.

pays, vous aurez certainement observé les progrès de cette importante délibération.

Il serait donc superflu, et, par conséquent, peu convenable, que j'entreprisse de développer en votre présence les motifs et les dispositions du projet.

Il se divise, Messieurs, en deux parties distinctes et principales : l'une qui définit les délits et fixe les peines; l'autre qui détermine et règle la juridiction.

L'expérience a fait reconnaître que les dispositions existantes manquent quelquefois de clarté. On s'est affligé surtout que la volonté de réprimer les outrages dirigés contre la religion y fût enveloppée dans des termes si généraux et si vagues que les tribunaux pussent douter qu'on leur en eût, en effet, donné le pouvoir. Le projet actuel fera cesser cette incertitude : il protégera toutes les religions légalement établies, et satisfera par conséquent à l'un des premiers besoins de la société.

On avait eu aussi l'occasion de regretter que l'un des articles des lois déjà rendues sur cette matière fournît des prétextes par la forme de sa rédaction, pour établir, relativement au respect qui lui est dû, une distinction entre l'autorité du Roi, telle qu'elle était lorsque S. M. a donné la Charte, et cette même autorité telle que la Charte l'a modifiée.

Ces prétextes seraient odieux, et l'usage qu'on en ferait serait un scandale; car l'autorité royale n'avait pas de plus faibles droits à la vénération des peuples, à l'époque où elle leur concédait la Charte, qu'elle n'en a acquis après l'avoir octroyée.

Ce fut, Messieurs, ce qui détermina le précédent ministère à proposer une modification qui est certainement sans danger, et dont le but est aussi légitime que son utilité est incontestable.

Des décisions judiciaires avaient encore démontré que les lois ne renfermaient pas des dispositions assez efficaces pour protéger les membres des chambres. Elles n'en offraient pas non plus qui protégeassent les individus attaqués dans leurs rapports avec les professions qu'ils exercent, avec les fonctions qu'ils remplissent, avec les classes de citoyens auxquelles ils appartiennent; attaqués, disons-nous, par des outrages propres à troubler la paix publique, et qui en manifestent l'intention.

Ces omissions étaient graves; elles sont au nombre de celles qu'on vous propose de réparer.

La juridiction, comme nous l'avons déjà dit, est l'objet principal de la seconde partie du projet de loi.

Si les chambres sont outragées, à qui devra-t-on conférer le droit de juger l'outrage? L'exemple de nos voisins, la prééminence du pouvoir dont les chambres sont revêtues, les difficultés d'une procédure extérieure, dans laquelle elles ne pourraient ni triompher, ni succomber sans inconvénient, tout concourt à persuader qu'il doit leur être permis de citer devant elles l'auteur de l'offense. Telle est aussi la disposition du projet de loi.

Ce projet, Messieurs, n'établit que des peines correctionnelles. Or, selon les principes généraux du droit criminel, les faits auxquels les lois appliquent ces sortes de peine constituent des délits et non des crimes.

Au moment où la Charte fut promulguée, il existait, dans la juridiction des tribunaux criminels, une division importante et fondamentale. Les crimes étaient soumis au jury; les délits étaient jugés par les tribunaux de police correctionnelle.

Les faits que prévoit le projet de loi auraient donc été jugés alors par ces derniers tribunaux.

La Charte maintint cet état de choses, et il n'éprouva aucun changement pendant les cinq années qui suivirent la restauration.

Ce fut seulement en 1819 que, par une exception dont il n'y avait eu jusque-là et dont il n'y a eu depuis aucun autre exemple, il fut résolu que les délits de la presse, auxquels on conservait néanmoins leur caractère légal, cesseraient d'être soumis à la juridiction que ce caractère même semblait indiquer.

Révoquerez-vous, Messieurs, cette exception qui a mis, sans nécessité, tant de confusion dans le système de notre législation criminelle? Rentrerez-vous à cet égard dans le droit commun? Y rentrerez-vous également pour le choix des preuves que l'auteur d'une imputation diffamatoire aura le droit de proposer? Toutes ces questions, qui méritent sans doute une attention sérieuse et réfléchie, le projet de loi les résout d'une manière affirmative.

Obtiendra-t-il votre approbation? Les innovations qu'il prépare sont trop nécessaires, celles qu'il supprime étaient trop fâcheuses pour que nous puissions en douter.

FIN.

# TABLE ALPHABÉTIQUE ET RAISONNÉE DES MATIÈRES.

## A



## C

## G



## H



## I

J

L



M



O

R



S



T



V



FIN DE LA TABLE ALPHABÉTIQUE.

A
B

www.ingramcontent.com/pod-product-compliance
Ingram Content Group UK Ltd.
Pitfield, Milton Keynes, MK11 3LW, UK
UKHW020328230726
13925UKWH00002B/680